矽谷爸爸的 超強

孩子思維 訓練課

憨爸 ｜趙昊翔 ｜ 著

目 錄

CHAPTER
6

英文啟蒙，在家建立英文語境

CHAPTER
7

啟蒙科學與藝術，原來很簡單

思維力決定
孩子的學習力

「思維能力」是孩子學習語言、數學、藝術、科學等全面發展的根基。只要父母在生活充分留心細節，問對的問題，就能引導孩子動腦筋並加以思考，不斷加深對外界事物的認知。

抓住孩子智力發育期，培養超強思維力

我曾經看過清華大學的顏寧教授參加一個電視節目，不禁為顏寧教授的智慧和口才深深折服。有位清華大學的師兄告訴我：「顏師姐的思維能力太強了，所以在科學、語言等各方面都很優秀！」從那時候我才發現，原來思維能力是一個人成功的關鍵。

為什麼思維力很重要？

思維力是孩子語言、數學、藝術、音樂全面發展的基礎

美國有一本關於兒童思維發展的暢銷書《Mind in the Making》，作者艾倫・賈林斯基（Ellen Galinsky）研究了很多聰明孩子，他發現強大的思維力是那些天才兒童的共同特質，而思維力是兒童語言、數學、藝術、音樂全面發展的基礎。

我參加過一場由幾個學生舉辦的小型慈善音樂會，開場是一段行雲流水般的鋼琴曲，之後我才知道演奏的孩子是全美鋼琴比賽的冠軍，不僅如此，他還考過加州奧林匹克數學競賽的前幾名，是學校辯

論隊的主力，已經收到了史丹佛大學錄取通知書。他的鋼琴老師對我們說：「這個孩子思維能力太棒了，剛開始學鋼琴時背琴譜，他的反應超級快！每次學一首新曲子，老師只要演示一遍，他就能掌握其中的要點了。」由此可知一個孩子思維能力好，對各個學科都很有幫助。

思維訓練能提升孩子的智力

人的大腦有一千億個活動細胞，每個細胞有兩萬個連結點，活動細胞與連結點的相互連結是影響孩子智力發展的關鍵，而思維訓練正是透過影響大腦神經元細胞的相互連結，促進孩子的智力發展。

科學家曾經做過一個實驗，在牆的高處掛一頂帽子，然後找了幾個四歲以下的孩子，請他們用三根短杆把帽子取下來。有些孩子束手無策，但有些孩子就想到將三根短杆連接成一根長杆。經過科學家進一步觀察發現，能想到拼接長杆方法的孩子相對來說智商更高。也就是說思維能力直接反映了孩子智商的高低，而訓練思維力能讓孩子變得更聰明。

何時可以開始培養思維能力？

史丹佛大學心理學教授卡洛‧德韋克（Carol Dweck）研究兒童大腦的發育指出「兒童大腦在嬰幼兒階段發育非常快，年齡稍大一些後速度明顯減緩。因此訓練孩子的思維力一定要從幼兒期就開始。」

兒童在八歲前思維能力處於極速發展的階段，但是到了八歲後，發展曲線明顯放緩。因此兒童的思維訓練存在一個短暫的「機會視窗」，這個視窗期在二至八歲，此時兒童大腦正在迅速發育。兒童二歲前的大腦也處於高速發育的過程，但是二歲後的思維訓練會更容易進行。

如何訓練孩子的思維力？

　　思維力是可以透過後天訓練來提升的，各種玩具、教材是很好的輔助。生活中很多情境也非常適合提高孩子的思維能力，主要顯現在以下四個方面。

理解力訓練

　　理解力是指了解一件事物的能力，這種能力對未來的人生發展至關重要。掌握知識需要理解，閱讀文章需要理解，與他人交流更需要理解。

　　憨憨的老師最常對學生強調的重點就是「理解」。有一次我跟老師聊起孩子閱讀的話題，她說：「不能只注意孩子的閱讀量，還必須關注他們是否真的理解了。為了幫助孩子理解，你可以多問他一些問題，例如這個故事講了什麼，故事的主角為什麼要這麼做」等。

　　多提問是訓練孩子理解力的好方法之一。在回答問題的過程中，孩子會不斷動腦筋、思考，進而也會自己提問，不斷加深對外界事物

的認識。

判斷力訓練

　　判斷力是思維力中很重要的能力，指的是孩子能在不同的事物中找出相同點和不同點，生活中有很多訓練判斷力的方法。有一次我帶憨憨去超市，順手拿起蘋果、梨子、青菜、葡萄給憨憨看，讓他找出其中不同於其他的食材，他選擇的是青菜，理由是青菜是蔬菜，而其他幾種都是水果。

　　這個活動訓練的就是判斷力，判斷力首先需要孩子找出事物的屬性，然後根據屬性再區分事物的異同。

概括力訓練

　　概括力需要從事物的屬性中找出它們共同的性質概念，這就需要孩子歸納的能力。

　　有一天我拿了磁鐵和鐵釘、鐵片、鐵鉤等一堆物件讓憨憨玩，結果他發現這些物件都被磁鐵吸住了，於是他總結那些物品都是鐵做的，其共同特性是能被磁鐵吸住。有了概括力，孩子對事物的理解、總結和歸納程度會更上一層樓。

推理力訓練

　　推理力也是一種非常重要的思維能力。從因果關係來推理，先明確假設，然後再推導最後的結果。有一次我們搬新家，換了門鎖，配

了新的鑰匙。有一天開門的時候，我舉著鑰匙圈中三把鑰匙問憨憨：「你來猜猜哪一把鑰匙可以開門？」

結果憨憨仔細觀察後指出其中一把鑰匙，理由是新的門鎖配新的鑰匙。

推理力需要孩子平時充分留心細節，找出其中的邏輯關係，這樣推理力自然就跟著提升了。孩子的聰明才智是可以後天訓練的，而後天訓練的基礎就是思維訓練，二至八歲是孩子大腦高速發育的階段，家長可千萬不要錯過這個黃金發展期。

培養孩子的
「視覺感知力」很重要

　　憨媽是憨憨幼稚園裡的志工媽媽，她常常觀察班上的其他孩子，她發現有些孩子常常搞混 b 和 d、p 和 q 這幾個字母；而有些孩子對於找數字規律特別不拿手；有些孩子則是做事不夠專注，容易分心等。

　　於是憨媽向老師諮詢，老師說這種情況大部分是父母忽略了培養孩子的「視覺感知力」。這是我們第一次聽說視覺感知力，接著向大家介紹視覺感知力的重要性，以及如何才能提升這種能力。

什麼是視覺感知力？

　　家長都會關心孩子是否能看清楚東西以及認知顏色，但這些都是屬於視力層面，其實，還有一種能力也很重要，那就是「視覺感知力」。

　　人的眼睛有接收及分析視像的能力，進而形成知覺，以辨認物體的外觀和所處的空間（距離），及該物體在外形和空間上的改變。大腦將眼睛接收到的資訊分析出四類主要資料：空間、色彩、形狀及動態。有了這些資料，我們就能辨認事物，並對外界做出及時和適當的反應，這些就是視覺感知力。

為什麼視覺感知力很重要？

視覺感知力對兒童來說非常重要，它關係到孩子每一天都會用到的各種技能，如閱讀、書寫、畫畫、數學、剪紙、穿衣服等，如果缺少這些技能，孩子的自信心會受到很大的打擊，未來他們的學業成績也會受到影響。

如何判斷孩子的視覺感知力

我有一個初中同學很不會背英文單字，他的父母一發起火來就會怪他笨，結果導致他非常沒有自信心，成績也越來越差。現在想起來，問題可能出在他的視覺感知力不夠好，父母也不知道這一點，因此沒有做適當的引導，只是一味著急和責怪，結果非但沒有幫助到孩子，反而讓孩子越來越缺乏信心。

根據美國育兒網站 Child Development 的研究，家長可以從以下幾個方面來判斷孩子是否有良好的視覺感知力。

- 孩子玩拼圖是否順利？
- 孩子對於空間感的詞語，例如裡面、外面、上面、下面、前面、後面等是否有認知困難？
- 孩子是否容易搞混 b、d、p、q？
- 當寫字母或者數字的時候，孩子會不會將字母或者數字寫反？
- 孩子對於認識左右有困難嗎？如果提問舉左手、舉右手、抬左腳、抬右腳，他能及時做出反應嗎？

- 看書的時候，孩子是否會忘記應該從哪裡開始閱讀？
- 孩子是否擅長字母、數字排序，或者找數字、圖形的規律？
- 孩子能輕鬆背下常用詞彙嗎？
- 對於只畫了一半的圖畫，孩子是否願意畫完剩下的一半呢？
- 專注於一個任務的時候，孩子是否很容易被其他東西干擾（例如玩具或移動的物體）？
- 整理或者排列個人物品的時候，孩子是不是表現得有點困難、不夠俐落？
- 在圖案中尋找隱藏的物體時，孩子是不是表現得有點茫然？

如果上述項目孩子不容易做到，那麼可能需要再特別加強孩子的視覺感知力。

🔳 視覺感知力不好帶來的問題

當孩子視覺感知力不好時，可能會引發下列問題：

- **學校成績受影響**：視覺感知力對學習數學的影響很大，如果想要學好數學，要有很好的邏輯能力，而視覺感知力不好對孩子找規律之類的題目來說是一大難題。此外，視覺感知力對英文學習也同樣重要，如果單字都背不起來，英文成績又怎麼會提高呢？
- **難以集中注意力**：視覺感知力不好會導致孩子容易分心，我們經常看到孩子做作業、上課、看書時無法專心，原因便在於此。
- **自我調節能力比較弱**：有些孩子控制情緒的能力不夠好，例如很容

易沮喪，受挫，甚至愛發脾氣，這也跟視覺感知力不好有關係。

- **不合群**：缺乏視覺感知力還會導致孩子缺乏自信。我有一位同學小時候經常左右不分，要他舉左手，他會舉右手，這導致他內心有點自卑，習慣與團體疏離。

- **容易依賴別人**：有時候我聽到身邊有些孩子會說：「媽媽幫我畫完這幅畫」、「爸爸幫我組這個」有的孩子缺乏自信，因此非常依賴父母。這種依賴性正是因為自己做這件事情比較困難，希望靠別人來解決。

- **計畫性及組織力較弱**：例如去游泳時，有些孩子會把自己的泳衣、泳鏡、毛巾、拖鞋都整理好了再出門；有些孩子會去準備，但是卻丟三落四；而有的孩子就直接衝出去，完全不會想到事先準備好自己的物品。做事有沒有條理，這也是視覺感知力帶來的直接影響。

📦 如何提升孩子的視覺感知力

如果發現孩子視覺感知力不夠好，沒關係，有很多方法都能幫助孩子提升這個能力。

- **找找遊戲（Hidden Picture Game）**：尋找圖片中隱藏的圖案，透過耐心尋找，能培養孩子在多種色彩干擾下的專注力，進而提升視覺感知力。

- **畫畫接力賽（Picture Drawing）**：找一些畫了一半的圖案，讓孩子接著完成，這能鍛鍊孩子的耐心和細心。

- **連連看（Dot-to-dot）**：這就是俗稱的「數字連連看」，按照數字順序將點連接起來就是一幅圖案。這個遊戲對於孩子認識數字規律、勾勒圖案很有作用。
- **記憶力遊戲（Memory Game）**：一開始將所有卡片都反扣在桌面，每次抽兩張卡片，抽到相同的兩張才算成功。
- **找單字遊戲（Word Search Puzzle）**：在一張密密麻麻寫滿字母的紙上找單字，直到將所有單字都找出來為止。

憨爸
分享

　　推薦一款我常和憨憨玩的玩具叫作重力迷宮（Gravity Maze）。它需要孩子根據關卡的要求設計迷宮，讓滾珠按照迷宮規劃的路線，從起點一次到達終點。這款玩具能訓練兒童的視覺感知力，孩子在遊戲過程中可以鍛鍊觀察力、記憶力、專注力、邏輯推理能力和組織規劃能力。

　　遊戲有六十個關卡，四個等級，初級難度適合三歲以上的孩子，高難度就連成人也不一定能輕易解開。在美國，很多參加數學競賽的孩子都會拿這款玩具來「燒腦」。

視動整合能力差
可能影響學習障礙

　　我曾經教幾個孩子打網球，發現同樣是零基礎的孩子，當球飛來的瞬間，有些孩子一揮球拍就能準確地擊中，有些孩子揮拍子卻總是撲空。擊到球的孩子自然會非常興奮，擊不到球的孩子則會垂頭喪氣，旁邊的媽媽就會著急的不斷提醒孩子：「要專心、要好好打……」其實這並不是專不專心的問題，而是孩子的「視動整合能力」有差異。

什麼是「視動整合能力」？

　　視動整合能力簡單來說就是手眼協調的能力，例如眼睛看到什麼，能同步用手畫出來。視動整合能力一般在嬰幼兒階段看不出來，到學齡階段才會逐漸表現出來。因為孩子的視力正常，肢體動作也很正常，但問題是眼睛和肢體協調起來就比較費力了。視動整合能力對孩子來說也很重要，因為它直接影響了孩子的學習、寫字、繪畫和運動的表現。

對學習的影響

科學家做過一個測試，他們找了一百個有學習障礙的學生，測試他們的視動整合能力，結果發現八十五%的學生都有視動整合能力不佳的問題。如果視動整合能力差，在日常的學習活動會出現以下幾種狀況：

- 常常抄錯題。
- 寫字時部首顛倒或者寫錯。
- 寫字速度慢。
- 經常忘記數學計算過程中的進位與錯位。
- 經常將字寫出格子或者線外。
- 經常忘記寫完整答案。
- 複雜的計算不會出錯，簡單的問題反而會出錯。
- 考試時漏寫某些試題。

視動整合能力會影響孩子的智商、認知能力，進而影響孩子的學習成績。

對寫字和畫畫的影響

當一個視動整合能力有問題的孩子抄寫單字的時候，寫出來的字是歪歪扭扭的，因為孩子無法好好還原眼中所見到的字。這樣的孩子在畫畫時也會出現同樣的問題，例如畫圖形，讓一個有視動整合問題的孩子一邊看著幾何圖形，一邊用筆畫出來，通常他們畫的圖形不會像原圖那麼規律整齊。讓他們在一個已有的框架內著色，你會發現他

們經常會把顏色塗到線外面。美國課堂上經常有著色練習，我常常看見有些孩子會把顏色塗到格子外面，一開始以為是他們不小心塗錯，但是後來發現這其實是他們無意識的行為，並不是粗心的結果。

這些跡象都表明視動整合能力會影響孩子的繪畫能力，因為他們眼中的圖案資訊無法傳遞到雙手並妥善表現出來。

對於運動的影響

很多運動也很要求手眼協調的能力，例如打網球、羽毛球、乒乓球等，孩子需要估算球的落點以及拍子擊打的位置，接著才能揮拍將球擊出。如果視動整合能力有問題，你會發現拍子老是擊不到球，就算拍子碰到球，姿勢也很彆扭，後果就是把球打飛了（其實不光是小孩子，有些大人也有這樣的問題）。

籃球、棒球、排球也是一樣的道理，接球、扔球都需要手眼的協調，否則球飛過來時經常會接不到球。對男孩子來說，如果同學們一起打球，而自己接不好球，連累到球隊，自信心就會因此受損。因此視動整合能力對孩子運動能力的發展影響非常重要。

如何測試孩子的視動整合能力

下圖是國外最常見的視動整合能力測試題，要求孩子一邊看著左邊這幅圖，一邊在右邊的圖中描出一個同樣的圖形，如果描得正確代表孩子的視動整合能力是正常的。

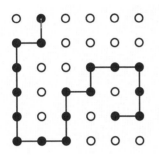 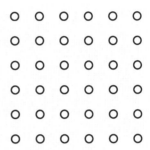

如何提高孩子的視動整合能力

美國的大腦平衡訓練中心（Brain Balance Achievement Center）提供了訓練孩子視動整合能力的五種方法。

彈跳猜謎遊戲

先讓孩子使用跳繩或蹦蹦床進行規律彈跳，此時父母可在孩子前方拿著圖卡或字卡（圖卡高度必須超過孩子頭頂的位置），孩子要想辦法跳高，並說出圖卡的名稱。過程中父母可以不斷變換圖片或將難

度調高，例如變成加減法計算，讓孩子同時動腦解決數學問題。如果有兩個孩子一起玩還可以進行比賽，看誰答對的速度比較快。

折紙遊戲

如果孩子已經玩膩了剪紙或串珠等不斷重複手部動作的遊戲，那麼可以試試和孩子一起玩折紙，除了促進孩子的手部小肌肉和手腕的力量，也能培養孩子的空間概念（可根據孩子年齡選擇適合的難度）。

抓星星遊戲

父母可在家中找一面較安全、沒有障礙物的牆壁，然後將電燈關掉，用手電筒在牆壁上打出光束，跟孩子說我們來抓星星喔，父母可將星星上下左右移動，而孩子要想辦法搜尋星星的位置，並嘗試去抓星星，此遊戲還可訓練孩子的追視能力。

拋接遊戲

當孩子總是接不到較硬小的棒球且出現退縮心理時，可以試著改變球的大小或重量，例如改成海灘球、彈跳球、氣球等，或將球類換成布娃娃、沙包進行拋接。這個遊戲除了訓練手眼協調之外，還可以幫助孩子在拋接的過程中學習控制力量。

盪秋千遊戲

當孩子在盪秋千時，先給孩子一袋小球，而父母站在孩子面前拿著呼啦圈並舉高，孩子在盪秋千的過程中必須想辦法將球扔進呼啦圈裡。這個遊戲除了訓練孩子的視動整合能力之外，也訓練了孩子的平衡、感覺統合、核心肌力。

親子這樣玩，
激發孩子的超強腦力

培養孩子的思維能力不一定要在嚴肅的課堂上，
也不一定需要題海戰術，在日常生活中的親子互
動就可以輕鬆辦到，折紙、玩迷宮、玩樂高、著
色等，只要用對方法，就能讓孩子在玩樂中激發
腦力。

折紙 2D 變 3D，
震撼孩子大眼界

有一次我到憨憨的學校參觀，看見他們的教室裡掛滿了折紙作品。憨憨從幼稚園到小學三年級，折紙活動從沒有停過，憨憨經常興沖沖拿著他的得意作品給我們欣賞。我心裡很納悶，折紙不是平時消遣的活動嗎？在學校裡折紙是不是有點不務正業？可是老師很認真的跟我說：「折紙是 STEAM 課程的一部分，非常重要！」

美國學校的老師們常常將折紙運用在教學中。其實我們在家也可以借鑒這些方法，讓孩子在玩中學、學中玩。

用折紙教幾何圖形

折紙是最佳的幾何教具。透過折紙，我們可以教孩子認識 2D 圖形，從入門的三角形、正方形，再到複雜的多邊形。等訓練空間思維需要認識 3D 圖形的時候，還能利用折紙折出正方體、三角錐等，透過這些作品可以教孩子認識點、面、角。

用折紙教幾何圖形我認為最神奇的就是 2D 平面到 3D 空間的轉換，特別是當一張平面的紙張變成立體的幾何圖形時，這會讓孩子覺

得很新奇與震撼。

📦 用折紙提升想像力

當一個作品折出來後，孩子需要對這個作品進行理解，然後賦予它一個名稱，甚至進行二次創作，這就是考驗孩子想像力的過程。

有一次憨憨的老師出了一個作業，要求他們折出一個包書角的書籤，然後以「彩色怪物」為主題請他們畫出不同怪物的書籤創作。孩子們畫出來的成品真是造型各異，這個創作的過程充分發揮了他們的想像力。

📦 用折紙教分數

對小學階段的孩子來說，「分數」的概念往往不好理解，用言語解釋起來很難，但是借助折紙來理解就再容易不過了。

我在教憨憨分數的時候，跟他一起折了五個小圓筒，然後拿出其中的二個對他說，從五個裡面取出二個，這就是五分之二。

憨憨學校裡還有一個「做比薩學分數」的經典遊戲活動，一群孩子剪出一個比薩，平均分成幾塊，然後每塊就是幾分之一，透過這種方式孩子能很快理解分數的概念。

用折紙鍛鍊解決問題的能力

美國老師特別注重培養孩子解決問題的能力，所以他們經常會出一些任務給孩子，然後讓孩子自己想辦法完成。例如去圖書館找參考書、上網找資料、找朋友幫忙等。折紙也是老師最喜歡列出的任務之一。有一天憨憨的老師請學生們用紙折出一隻小狗，外型不限，自由發揮。最後大家做出了形形色色的作品，這個過程就鍛鍊了孩子們解決問題的能力。

從折紙中學科學

一張紙看起來很輕薄，但是經過改造能讓它變得很堅固，這個過程就是學習科學知識的絕佳機會。有一天我拿出幾個硬幣給憨憨，讓他用一張紙在兩本書之間搭一座橋，然後把硬幣放在橋上。一開始他只是把紙架在兩本書上，一放上硬幣，這座「橋」立刻就塌了。

小傢伙很疑惑，於是我把紙折成類似上圖的樣子再讓他試，結果這座「橋」的承重力大大提升。父母們也可以再想想還有沒有別的方法可以提升紙橋的承重力。折紙對孩子的大腦發育、思維拓展、想像力培養和數學空間感培養都有很大的幫助。

用一張白紙提升
孩子的空間思維能力

你知道美國的教育機構是從哪個方面培育孩子的早期教育嗎？

數字？不是！

字母？不是！

動物？不是！

根據美國最大的兒童圖書出版社 Scholastic 的研究報告，美國大多數機構的早期教育是從色彩和形狀開始的，尤其是形狀，它作為數學知識的一部分，早已被列入美國的主要課綱。

例如幼稚園時期會要求孩子認識形狀，一年級要求能組合不同形狀的圖形，二年級以後能在 2D 圖形和 3D 圖形之間進行轉換等，當然，美國的數學教學要求比中國低不少，所以這裡列出的相關年齡教學要求僅供參考。

認知 3D 形狀非常重要，人們認知物體最早就是從 3D 形狀起步的，看到平面圖時我們要學會在腦子裡還原出一幅 3D 圖，包括物體的前側、後側、左側、右側、外側、內側，只有當這幅圖能在腦中呈現時才能培養出良好的空間感。

認識 3D 圖形很簡單，但是如果在一張紙上畫一個 3D 圖形呢？

憨憨的美術老師教孩子們畫 3D 方塊時，用了一套叫作等角方塊的圖紙來畫 3D 圖形。

上課時老師會發給每個學生一張類似下圖的紙，然後老師會提供一個 3D 圖形，孩子的任務就是透過連線將這個 3D 圖形在紙上畫出來。

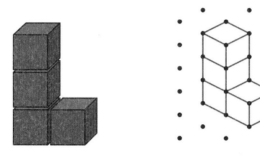

折紙可以非常直接理解 2D 圖形到 3D 圖形的變化，我們平時常見的圖形，其實用一張紙就能折出來了。可別小看這小小的折紙，如何透過折紙猜出最後的樣子，還挺有挑戰的呢！

美國有一所很不錯的學校叫 Sadlier，他們專門為學生設計一套智商測驗題，題目是專門針對四年級所設計，總共有三題（見右圖），讓學生猜猜看最後折出來的是哪一種 3D 圖形。

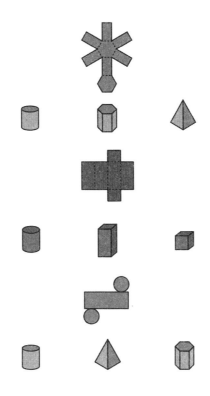

　　當然，如果你想和孩子親手做一個 3D 圖形，如正方體、圓柱體等，那麼可以事先找一些範本來做會更省事。

憨爸
分享

我搜集許多折紙範本和畫 3D 模型點圖的範本，在公眾號「憨爸在美國」搜尋「形狀」二字，就能取得這些範本。

著色會讓孩子大腦
出現神奇的變化

著色是在一個現有的輪廓裡塗上色彩，通常二至三歲孩子就已經開始透過著色來熟悉形狀、認識數字和接觸藝術了。

很多人以為著色很簡單，是小寶寶的遊戲。可是你知道嗎？選擇適合的圖案進行著色，這對培養孩子的思維能力、藝術能力有極大好處，而且不同年齡的人在著色中會有不同的領悟。

根據美國藝術治療聯盟的研究，著色這類藝術創作對大腦的發育很有幫助，它能幫助緩解情緒壓力、培養自信、管理情緒、發展社交技能。

著色可以開拓數理邏輯思維

一般來說，著色書只是單純用來著色，但如果遇到複雜的圖案，就要費一番工夫了，因為這種著色方式和開拓數理邏輯思維息息相關。

模式著色法

　　我們會遇到下面這樣的圖片，在這種圖片上著色能訓練孩子的邏輯思維能力。在著色之前，我們首先得觀察這張圖片有沒有規律。發現規律後，就很好著色了。

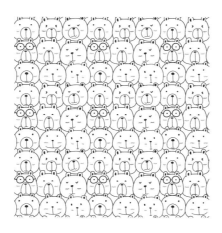

　　有時候，迴圈的圖片規律是多個圖案的組合，例如下方這張圖，是兩個圖案一起構成了一個迴圈的單元。這就要求孩子找出迴圈的規律。可以將兩個圖案塗成不同的顏色。這樣整個圖畫就顯得特別有邏輯規律了。

有時候圖中還可能出現多種規律，需要先觀察找出規律來再塗。

3D 立體圖著色法

我們會遇到下面這樣有 3D 立體效果的圖片。在這樣的圖片上著色可以訓練孩子的 3D 空間感，那這樣的圖片該怎麼著色呢？

3D 圖案有的部分顯示的是凸起，有的部分顯示的是凹進，所以孩子首先需要找到凸起和凹進的圖案，然後在凸起塗一種顏色，凹進塗一種顏色。

有的透過色彩的間隔來做出 3D 效果，有的圖案有那種由近至遠延伸的效果，這種圖案一般是靠兩種顏色輪流疊加而成的。

如果塗方塊，那就需要在方塊的三個面著色，你可以在方塊的每一面塗上不同的顏色，這樣一個個立體的方塊就成型了。

雙色著色法

類似圖形層層環繞的圖片，這樣的圖片有很多種著色方法，有一種簡單的方法就是雙色著色。從現在流行的美學觀點來說，選用兩種

交替顏色的圖案既簡潔又大方，而且操作難度也不大。

泰森圖著色法

由許多個氣泡所組成，看似雜亂無章，這種圖的著色原則是不要將相鄰兩個氣泡塗成一樣的顏色。

憨爸分享

從我和憨憨著色的經驗來看，著色時不能限制標準答案，而是讓他自由發揮，不過我們可以給孩子一些相應的提示，例如告訴他找出圖中的規律是什麼，畫這幅圖怎麼選擇顏色，圖中是否存在立體效果……等，孩子在大腦中形成大致的圖形後，他就可以開始大膽的進行創作了。

玩迷宮是
超強的腦力激盪操

　　美國大多數的兒童練習冊都會有玩迷宮的內容，因為玩迷宮可以有效鍛鍊大腦，特別對於處在大腦高速發育期的兒童來說更是如此。

鍛鍊孩子的視動整合能力

　　做迷宮題時孩子需要用筆在彎彎繞繞的迷宮中畫出一條路，因為迷宮的通道往往都很窄，孩子畫路線時就需要格外小心，一不留神就會畫到外面去，這對孩子的視動整合能力是一種考驗。憨憨一開始玩迷宮畫線時容易畫歪，但是多畫幾次後就越來越熟練了，手眼的協調性也越來越好。

　　讓孩子玩迷宮能培養他們的多種技能，例如學會制定策略，因為在玩迷宮的過程中會不斷遇到岔路，這就需要孩子在某個岔路口進行探索，一旦不成功再退回原來的地方，重新換一個岔路口來嘗試，這個過程其實就是他們不斷的腦力激盪，反覆試錯，並找到正確策略。

幫助孩子接受挑戰

美國專門研究天才兒童的專家達琳‧克萊爾‧沃德琴斯基（Darleen Claire Wodzenski）說，讓聰明的孩子長期維持單一的挑戰欲是一件很難的事情，因為很多事情對於他們來說過於簡單，做多了會覺得無聊，而喪失繼續進取的欲望。但是，迷宮完全不一樣，因為迷宮根據年齡劃分有多種難度，孩子會在不同的難度中持續挑戰，並激發鬥志。

迷宮看起來很簡單，就是找到一條路從出口走到終點。但在美國老師的眼裡，迷宮有不同的玩法，因為它在訓練孩子大腦的同時，還可以和教學結合。針對孩子不同的年齡，給他們相應難度的迷宮，否則太簡單會讓他們喪失興趣，太難了又會打擊他們的信心。

適合一～三歲的迷宮

從一歲開始，發現寶寶可以握筆或用手指著色的時候，就可以開始玩迷宮了。這個階段的迷宮比較簡單，以卡通造型為主。卡通造型的迷宮比較吸引孩子，而且這種迷宮一般都只有一條通路，很少有岔路，所以操作難度也不大。

適合三～五歲玩的迷宮

這個年齡層的迷宮設計會緊扣各種知識，例如地圖、星空、字母

等，幫助孩子在玩樂中學習知識。迷宮會開始出現岔路，稍微複雜一點。有的迷宮還會加入 3D 的概念，以便培養孩子的 3D 空間感。

適合五～十歲玩的迷宮

這個年齡層的迷宮主要有兩大特色，一是相對迷宮變得更複雜了，二是迷宮緊密結合知識教學。例如教孩子看時鐘，那麼就用專門的時鐘迷宮來配合，這種迷宮的玩法需要從 1 開始，然後像撥時鐘一樣，從 2、3 一直撥到 12。很多兒童喜歡有挑戰性的迷宮，越複雜越好，八歲的憨憨也非常喜歡挑戰高難度的迷宮。

憨爸分享

我整理了一套適合各個年齡層孩子的主題迷宮，分為 1～3 歲、3～5 歲和 5～10 歲三個年齡層。在我的公眾號裡打上「maze」即可獲得資源。

像偵探解謎，
訓練大腦的邏輯思維

有一天和憨憨一起吃飯時，我突發奇想對他說：「我們今天來玩破案的遊戲吧！」

「破案？」憨憨瞬間興奮起來，兩三口就把飯吃完了，然後乖乖聽我念題目，聽完題目後他更興奮了！我問了憨憨兩個題目，第一道題目他馬上回答出來，第二道題目他先是糾結了一陣子，然後才恍然大悟。下面是我出的破案題目。

交朋友

有一位小朋友叫傑瑞，他不愛交朋友，新學期開學時媽媽特別叮嚀他一定要認識一些新朋友。

傑瑞回家後對媽媽說：「我認識了三個新朋友！」

媽媽問：「你這三個朋友都叫什麼名字啊？」

傑瑞想了想說：「三個朋友分別叫作瑞秋、傑克和查理。瑞秋比傑克高，傑克比查理高，而查理比瑞秋高。」

媽媽聽完後，沉默了一會兒，說：「傑瑞，告訴我實話吧，你並沒有交到新朋友！」

為什麼媽媽會認為傑瑞在說謊呢？

《哈利波特》書籤

有兩個孩子，一個叫湯姆，一個叫麥克。湯姆有一張非常喜歡的書籤，平時放在他的《哈利波特》書裡面。

有一天湯姆突然發現自己的書籤不見了，於是問麥克：「你看見我的書籤了嗎？」

麥克說：「我把你的書籤放在《哈利波特》的第 13 頁和 14 頁中間了！」

湯姆想了想，說：「麥克，你在撒謊！」

為什麼湯姆說麥克在撒謊呢？

解謎有助於孩子的智力開發，美國有一種傳統的兒童遊戲叫作折磨大腦（Brain Tease）。其實就是列出一些智力題目來考驗孩子的反應力、觀察力，而解謎就是這類遊戲的一種。

謎題的魅力在於它將數學、科學、語言等多個學科融合在一起，借助日常生活的實例展現出來。

例如第一道題其實就是一道數學題，因為瑞秋比傑克高，傑克比查理高，那麼瑞秋一定會比查理高，這就是數學裡一個大小傳遞的概念，只要請孩子把三個人的身高對比畫出來，就能發現問題所在了。

而第二道題是一道生活常識題，一般來說書上的每張紙正反面分別是奇數頁和偶數頁，所以書籤不可能夾在同一張紙裡。

孩子無法抗拒謎題的魅力，因為謎題是用故事的形式來呈現，只要將一些小常識融入故事裡，就能吸引孩子去探索。

　　兒童的探索欲是最強烈的，史丹佛大學的心理學教授卡洛·德韋克（Carol Dweck）在她的著作中說：「處於大腦發育期的兒童特別願意接受挑戰，即使他們失敗了，他們也相信下一次一定會成功，在這一過程中，大腦會隨著他們的努力思索而不斷發育。但是如果孩子長大了，一旦陷入一種思維定式，認為有些東西自己搞不定，就會慢慢放棄努力，大腦的發育也會隨之停滯。這也是嬰幼兒的大腦發育速度特別快的原因，因為這個年齡的孩子特別願意挑戰自己，而很多學齡後兒童會開始逐漸喪失挑戰的勇氣。」

　　解謎題就是讓孩子不斷挑戰自己的智商和認知，然後促進大腦發育，這也是解謎題能在美國育兒界中如此流行的原因。

翻玩樂高，
啟蒙數學和科學概念

我和憨憨經常用樂高玩迷宮遊戲，例如我們曾用樂高搭了一個滾球迷宮。這個遊戲一共分為兩部分：一部分是迷宮本身，我用不同顏色標示出起點和終點，黑色表示陷阱（球滾進去就輸了），灰色凸起部分是迷宮的牆。另一部分是樂高迷宮的操作臺，一共有兩個操縱杆，分別負責將底盤傾斜不同的角度，這樣就能實現球向不同方向的滾動。遊戲的目的就是讓球從起點滾到終點。

操縱杆的實現原理如下：一系列的連軸和操縱杆相連接，透過轉動操縱杆，進而拉動連軸並帶動底盤的傾斜。最後將樂高迷宮放在操作臺上，轉動操縱杆，球就能滾起來了。

玩迷宮的好處

我們用樂高玩迷宮的創意來自憨憨。有一天我發現憨憨在家裡用貼紙在地上布置了一個很大的迷宮，有岔路、有橋樑、有山洞。

我嘗試著用彈珠在他設計好的軌道上滾，發現設計迷宮還真不是一件容易的事情。首先，你需要先在腦海裡畫全局圖，知道入口在哪

裡，出口在哪裡，道路的主線是什麼；當主線明確後，你需要根據這個主線設計一些岔路，有些岔路可以繞遠，有些岔路則是死路；最後你要走一遍迷宮，也就是檢查還有哪裡設計有問題，如果有問題那就需要修正。

在這個過程中孩子的邏輯思維和空間思維得到了鍛鍊。憨憨一個人坐在地上研究了一個多小時，這對培養專注力也很有幫助。

如何用樂高玩迷宮

平面樂高迷宮

很多孩子都非常迷戀迷宮，父母和孩子一起設計迷宮時，不妨使用樂高積木，這是一個非常棒的工具。很多人家裡都有零散的樂高積木，配合樂高底板（樂高底板有很多種，簡單的迷宮可以從16mm×16mm 的底板入手，如果稍微複雜點的話，32mm×32mm 會更加適合），很容易就能製作出一個簡單的樂高迷宮。迷宮拼好後，配上彈珠就能玩了。

垂直樂高迷宮

平面迷宮還可以擴展到垂直空間，將幾塊底板垂直貼在牆上，將彈珠放在最上端的入口，隨著重力的作用，它會依次往下滑。最有意思的是，還可以在裡面設置一些轉盤、彎角、橋洞等機關。透過計算軌道，滾珠滾下來的時候不僅可以改變方向，而且還會拉動機械連軸轉，非常有趣。

用樂高搭蹺蹺板，學習物理知識超有趣

　　有位朋友帶三歲寶寶去樂高培訓班試聽了一堂課，回來後，她跟我說了兩點：第一是學費昂貴，一年的學費動輒上萬；第二是教的東西看起來很簡單，感覺在家也能教。問題來了，這麼貴的樂高培訓班是否值得上？如果不報課程，那麼在家如何教孩子玩樂高培養思維能力呢？

　　美國和中國一樣，也有很多樂高培訓班，我曾去考察過幾家，有一位朋友是哈爾濱一所樂高培訓機構的老師，她分享過很多教樂高的心得給我。下面我將中美兩國關於樂高培訓的內容進行對比，來看看樂高培訓班會教些什麼，如果想在家裡教應該怎麼教。

不同年齡層孩子玩樂高有不同的特點

　　樂高課不是一個單一的課程，而是融合了生物、物理、機械、數學、幾何、電子、工程、藝術、建築等知識的綜合體，近來常聽到「STEAM 教育」這個概念，而樂高可以說是完美詮釋了 STEAM 教育

理念的遊戲。不同年齡階段的孩子，對玩樂高有不同的興趣點和需求，所以樂高課很講究循序漸進。

例如同樣是蓋一個迷宮，年齡小的孩子蓋出來的通常是平面迷宮，等年齡稍微大一點，有了空間概念後，就會往立體方面發展。等孩子年齡再大一點（八歲左右），他們開始癡迷於機械、輪軸，迷宮就會往機械化發展。每個階段的孩子玩樂高的重點都不一樣。

三～四歲的孩子

三～四歲孩子的發展特點是開始透過五感（形、聲、聞、味、觸）了解身邊的一切。他們開始以自我為中心，在遊戲的過程中，慢慢的認識身邊的一切事物，所以這個階段的樂高引導會以孩子身邊的環境和他們這個階段所感興趣的事物為主題。可以引導孩子們組合動物，海洋和魚，搭汽車和飛機。

這個階段的孩子需要開始培養基本的社會技能，其中非常重要的一點就是學會認識自己的情緒。有個經典的樂高活動就是讓孩子組合一個表情並模仿此表情。例如可以讓孩子蓋出一個高興的表情，也可以蓋出一個俏皮的表情。

這個年齡層的孩子可以灌輸一些數學的基本概念，例如顏色、形狀、數字、規律等，樂高是一個非常棒的教具。例如利用樂高來教數數時，可以將數字寫到樂高積木上，從一排到一百，還可以認識顏色、形狀等。

五～六歲的孩子

此年齡層的孩子手部精細動作及手眼協調能力漸入佳境，他們已經不再滿足於認識事物表面的形象和功能，而是開始萌發探尋世界的好奇心。所以這個階段可以結合車輪、齒輪、轉軸等進行引導。

例如組一輛摩托車，這輛摩托車有一個轉軸，透過方向盤可以控制前輪的轉動。還可以組一個機器人，透過轉軸和齒輪來帶動機器人的手臂。

透過樂高逐步引導這個階段的孩子學一些物理知識。例如搭建一個蹺蹺板，教孩子平衡、槓桿的概念，相同重量的物體，誰距離中心的槓桿越長，誰就越會往下沉。再例如做一個軌道，這就是關於重力的物理知識。在重力引導下，車子會從高處開往低處。

這個年齡的孩子也會用樂高搭建身邊所見的事物，但是他們在尋找事物特徵的同時，還會更注意細節。在搭建大橋時，他們會抓住橋樑的特徵，例如有幾個橋墩，橋樑下面的弧線造型等。在搭建建築物的時候，孩子會對結構、承重有更深刻的認識。

我曾經和憨憨玩過一個遊戲，我們比賽用樂高搭一座橋，只有兩個橋墩，然後往橋上放重物，看誰的橋承重更大。如果你和孩子沒玩過這個遊戲，不妨試試看，想搭一座堅固的大橋很不容易呢！

這個年齡層的孩子還可以用樂高來做一些數學訓練，例如加減法。我還看過用樂高來教分數的，當然對孩子來說難度有點大。

七歲以上的孩子

簡單的拼組已經無法滿足七歲以上的孩子了，他們喜歡更酷的創意，例如增加馬達可以轉動，透過程式設計可以遙控。這個階段的樂高教學會逐漸帶入機器人的概念。

針對機器人，樂高公司推出了兩個系列的套裝，一個是針對七至十歲孩子的 WeDo 2.0，另一個是針對十歲以上孩子的 Mindstorms EV3，當然年齡僅供參考，有些父母或機構會在孩子八至九歲時直接學習 Mindstorms EV3。

這兩個套裝的共同點是都配有馬達、電池等一堆組件，還有對應 iPad 或電腦的程式設計軟體，可以對機器人進行程式設計和遙控，只不過後者更加複雜，例如增加聲控、移動感應、工程機械等功能元件。

利用 WeDo 2.0 搭出來的機器人，會安置一個電池和馬達，可以透過 iPad 進行遙控和程式設計，最後就能做出各式各樣的機器人了。Mindstorms EV3 的結構複雜很多，有一個中心控制器，控制器上有輸出口，進而控制機器人的各種動作。

要不要上樂高培訓班

回到一開始的問題——要不要幫孩子報名樂高培訓班呢？我計算了一下，我們這邊上樂高課，一堂課至少要三十美元，如果一週一堂課的話，一年就是五十二堂課，$52 \times 30 = 1560$ 美元，折合台幣約五萬元左右。

我剛買了 Lego Mindstorms EV3 的組合和一本 Lego Mindstorms EV3 Discovery Book（EV3 的工具書），前者將近四百美元（含稅），後者將近四十美元（含稅），兩個加起來也不過四百四十美元，折合台幣約一萬五千元左右，價格比培訓班便宜很多，而且學習效果不比培訓班差（當然前提是家長願意學）。

　　對我來說，我願意擠出時間自己研究然後教孩子，所以我不會幫孩子報樂高課程。如果你願意奉獻時間，你也可以買教材自己教；如果你沒有時間且經濟條件允許，那麼培訓班會是一個不錯的選擇。

正確玩網路遊戲，
激發孩子的創造力

很多家長都將網路遊戲視為洪水猛獸，事實上那些專為兒童設計的益智網路遊戲，對孩子獲取知識、開發智力等都有一定的助益。不過因為孩子的自控力比較差，所以玩網路遊戲最好還是在家長的引導和監督下進行。

我和憨憨曾經玩過一款叫做紀念碑谷（Monument Valley）的遊戲，這個遊戲曾獲得二〇一四年度蘋果設計獎和最佳 iPad 遊戲的提名，這款遊戲在 Apple store 可以搜尋到。我個人認為三歲以上的孩子就可以開始玩。

兒童的創造力無限

這款遊戲的魅力在於其中的空間矛盾。我和憨憨一起玩這個遊戲時，我們領悟到的內容是完全不一樣的。我發現自己的反應竟然比孩子慢一拍，因為我會用常理來衡量圖中的內容，例如圖中（見下頁圖）看似上下兩層的結構，我就不太能理解，而事實上只需要轉動一下就可以變成一層。

但憨憨並不像我這樣有思維上的限制，他只是按照自己理解的、最直接的方式來解開問題，不就是轉動一下轉盤，讓不一樣的路接起來嗎？多簡單啊！

　　隨著年齡增長，對外界事物不斷產生新的認知，人們慢慢會陷入思維局限中，有創造力的想法越來越少，而人們會逐漸適應這個局限，不會想去突破它。

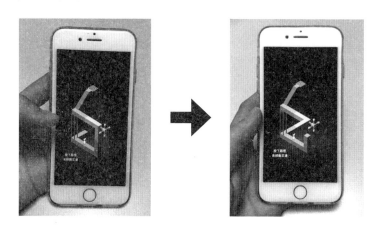

　　憨憨的老師曾經要求小朋友們各自畫一幅畫，請他們說說想發明什麼東西。憨憨畫了一個時光機，在他的想像裡，這個機器可以隨時隨地把空氣中的霧霾轉化成能源，然後將人們送到任何想去的地方。

　　看到憨憨的畫時，我心裡突然一陣感慨。記得我小時候也像他一樣擁有天馬行空的創意，但如今的我絕對不會想到做什麼時光機，因為總覺得這太不科學、不現實，不是嗎？

　　當我們習慣在自己的思維框架內思考問題時，我們無形中已經否定了自己的想法，既然自己都否定自己了，那麼我們曾經的夢想又怎麼可能實現呢？

我們經常在討論天才，例如賈伯斯是商業天才，愛因斯坦是科學天才，達文西是藝術天才……我們很羨慕這些天才的非凡智慧，但如果仔細研究這些天才，你會發現他們都有一個共同點，那就是不拘一格的創造力！

記得蘋果創辦人賈伯斯剛推出第一代 iPhone 的時候，很多人覺得上網就用電腦，打電話就用手機，聽音樂就用 MP3，而把這三者結合起來簡直是不可能的事！可是賈伯斯偏偏跳出了一般人的思維框架，將上網、打電話、聽音樂三者完美結合在一起，成就了蘋果公司的輝煌。

創造力的消失

創造力不是天才的專利，其實每個人天生就有創造力。愛因斯坦曾經說過，如果學習相對論，兒童的接受程度會超過他，因為兒童的思維是不受約束的，他們的創造力也是無限的。

為什麼創造力會在孩子身上慢慢消失呢？有一次，憨憨的外公和憨憨一起畫畫，他們畫的是花，結果外公畫的是標準版，一朵小紅花再加兩片綠葉子，而憨憨畫的是擬人化的花朵。然後外公就開始糾正憨憨了，外公說：「你畫得不對，花朵怎麼可能有眼睛和嘴巴，哪有植物長這個樣子？」

憨媽笑著批評她爸說：「讓孩子發揮他的創造力吧！」孩子的創造力常常在不知不覺中被大人用固有的思維給磨滅了。不是孩子不夠

聰明，而是大人不懂得如何保持和激發孩子的創造力。

激發孩子的創造力

回到我推薦的紀念碑谷這款遊戲，其實這款遊戲的誕生與一位偉大的畫家有關，畫家的名字叫作 M.C.Escher，他憑藉非凡的創造力創作了很多空間矛盾主題的作品。

其實想激發孩子的創造力，可以多給孩子看一些腦洞大開的作品，我帶著憨憨看了幾幅這樣的作品後，有一次憨憨突然激動的說自己也要創作一幅畫，結果他畫出來的居然是一幅水的倒流圖。

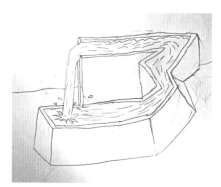

憨憨畫的河水倒流圖

每個孩子都有無限的潛力，身為父母，我們需要更深入的了解孩子、提升自己，這樣才能激發孩子的創造力。

學習地圖技能，
加深訓練記憶力

　　有一次憨憨從學校裡帶回一些作業，都是關於地圖的內容，他跟我說：「最近老師在訓練我們的地圖技能（Map Skill），很有趣喔！」我當時就笑了，不就是地圖嗎，有什麼好訓練的？

　　後來我諮詢了憨憨的老師才了解，原來在美國教學系統裡「地圖技能」非常重要，屬於數學和社交技能中的一個交叉教學點。

　　在兒童的學習過程中，有一項很關鍵的指標叫作視覺素養（Visual Literacy），這個指標指的是孩子能透過大腦解碼眼睛所傳來的圖像，並理解圖像的含義，從中提取出有用的資料，例如座標、位置、物體等，而地圖技能正是視覺素養中不可或缺的一部分。

　　如果缺少這種圖像解析的技能，不僅會嚴重增加孩子學習的難度，還會對其生活能力造成不小的影響。

　　說到學習地圖技能，很多父母會誤以為只要孩子會看地圖就好了，其實不然。地圖技能是一個相當複雜的知識領域，融合了方向、座標、角度等諸多概念。

🔲 認識方向

要學習地圖技能，首先要學會看指南針，掌握東、南、西、北四個方向，以及延伸出來的東南、東北、西南、西北這四個方向。這裡介紹一個很有趣的尋寶遊戲，父母可以跟孩子一起玩。這個遊戲能幫助孩子認識方向。

尋寶遊戲

❶ 找一個寶藏盒，將它藏在一個地方。

❷ 選擇一個孩子做「海盜」，將其眼睛蒙上，並配合指南針讓他針對南方。

❸ 另一個孩子扶著「海盜」，並告訴他具體路線，例如，轉向東邊走兩步、轉向東北走四步，直到發現寶藏。

🔲 認識座標

座標有兩種：一種是類似國際象棋的標誌區域（見右頁圖片），這種座標的橫軸和縱軸形成的方塊代表一個區域，例如 A1 表示一座房屋，A3 表示一所學校等。

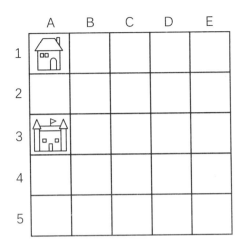

另外一種座標類似像中國象棋的點陣（下圖），這種座標的橫軸與縱軸交會的點代表一個位置，例如（2，4）表示一所學校，（8，2）表示一個風車等。

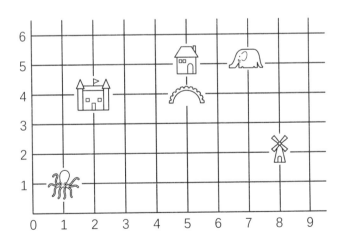

父母可以透過一些有趣的活動來教孩子學習座標。

區域座標

- 製作一張座標圖，橫軸是字母，從 A 開始排列，縱軸是數字，從 1 開始排列。

- 在地圖上每一個格子裡倒扣一個空杯子，並選其中一個空杯子放一顆糖。

- 讓別的小朋友猜這顆糖在哪裡，他必須用座標的形式說出位置，例如 C2、A1 等。當他說的位置正確時，回答「hot」；當說的位置距離正確位置只有一個杯子距離時，回答「warm」；當說的位置距離正確位置很遠時，回答「cold」。反覆猜題，直到找到糖果。

點陣座標

- 製作一張點陣圖，橫軸和縱軸都是從 0 開始。

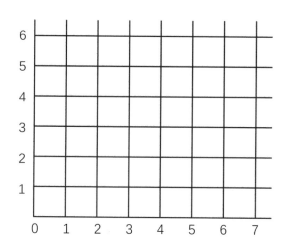

- 遊戲有兩個玩家，第一個玩家開始扔骰子，例如他得到的點數是 2

和 4，那麼他可以選擇將棋子放在（2，4）或（4，2）上面。

• 接著輪到第二個玩家，他也根據骰子數值，選擇一個空位放棋子。

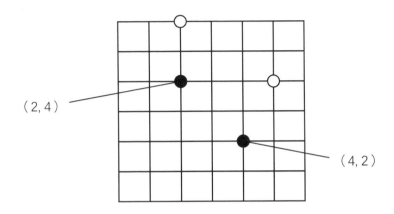

• 每次放棋子的時候，如果這個棋子只有單獨一個（不成線），即可得 1 分；如果 2 個連成線，即可得 2 分；如果 4 個連成線，即得 4分。

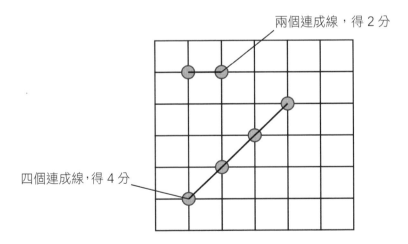

- 等大家各自走完 12 步後，計算總分，得高分者獲勝。

　　這兩個遊戲能幫助孩子學會認識座標，並透過座標來熟悉地圖的位置，進而建立各種地圖技能的概念。

認識角度

　　角度是地圖裡一個很重要的概念，例如東南方向 45 度角，孩子就可以知道那是什麼方位。當然角度講起來很複雜，一開始可以先從直角、銳角和鈍角開始。以下介紹幾個有趣的的遊戲活動。

- 製作代表直角、銳角和鈍角的卡片，每種準備六張。卡片背後可以畫成小魚或小蝦的形狀，增加趣味。

銳角　　　　　　　　鈍角　　　　　　　　直角

- 將卡片都反過來放在地上（就像在魚池裡一樣），兩個孩子每次輪流抽二張卡片，如果二張都是相同的角，例如都是銳角，則將卡片收走；否則再將卡片反過來放回地上。
- 等地上的卡片都收完之後，統計卡片數量，數量最多者獲勝。

　　這個遊戲可以不僅能幫孩子加深角度的概念，還能訓練記憶力。

父母的創造力多大，
孩子就有多少領悟力

自從美國社交網站 Facebook 的創辦人馬克・祖伯格在 Facebook 上曬出女兒讀書的照片之後，他所推薦的《寶寶量子物理學》繪本瞬間火紅起來。在那段時間，媽媽們在公眾號跟我打招呼是這樣的：

「憨爸你好！請問要如何購買《寶寶量子物理學》……」

可是等到這套繪本正式發售後，我收到的留言又變成了這樣：

「憨爸你好！《寶寶量子物理學》看不懂啊……」

為什麼會這樣呢？因為我們的對繪本的認知都是故事型式，閱讀故事類繪本時一般分為三個階段。

閱讀「故事類繪本」三階段

第一階段：父母照著書讀。

第二階段：讓孩子學會預測情節。美國人在訓練孩子閱讀能力的時候，專門提出了一套理論叫作「Guess what's next」，就是猜猜後面發生了什麼事情。透過這種閱讀方式訓練出來的孩子，他們閱讀時都會特別有好奇心，這樣可

以增強他們對這本書的理解，閱讀並消化這本書的速度也比別人快。

第三階段：請孩子也跟著父母講一次，可以訓練孩子的表達能力，複述的時候一方面可以觀察孩子對這本書的理解程度，另一方面是鍛鍊孩子的口語表達能力。

憨憨的老師經常發布這樣的演講作業，老師請孩子選一本書，讀完後在課堂上一次演講，和別的小朋友分享這本書的閱讀心得。

上述的三個階段都是針對故事類繪本，可是除了故事類繪本，還有一類屬於非故事類繪本。如果有機會到美國的圖書館，你會發現，書架上陳列的繪本通常分為故事類和非故事類，而非故事類主要包括科學、數學、自然、藝術等。

科學類繪本的閱讀方式和故事類繪本有很大的不同，因為它沒有情節。以《寶寶量子物理學》繪本為例，一開始的內容就是：「這是一顆球。」此時，你讓孩子預測情節，他怎麼會知道後面是什麼內容呢？

非故事類繪本的重點就是提供知識，閱讀這類書時，父母需要將書中的知識點總結出來，並透過測驗、圖表，甚至實驗等方式來加深孩子對這些知識的理解。

習題法

下面以《寶寶量子物理學》中的《寶寶的量子資訊學》為例，看看知識是如何延伸的。這本書的主要內容是，傳統的電腦是用二進位來存放資料，但是問題是容量有限，所以學術界就提出了量子的概念，量子能存入海量的資訊。是不是很抽象呢？我們可以透過下面這些問題來引導孩子理解。

如果存放 1 個球的顏色需要 1 bit，存放 2 個球的顏色需要 2 bit，那麼：

• 存放 3 個球的顏色需要幾個 bit？

存放 5 個球的顏色需要幾個 bit？（難度指數：★）

- 存放 50 個球的顏色需要幾個 bit？

  存放 100 個球的顏色需要幾個 bit？（難度指數：★★）

- 如果有 3 個 bit，可以存放幾個球的顏色？

  有 5 個 bit，可以存放幾個球的顏色？（難度指數：★）

- 如果有 50 個 bit，可以存放幾個球的顏色？

  有 100 個 bit，可以存放幾個球的顏色？（難度指數：★★）

- 每個球只能存在紅藍兩種顏色，如果有 100 個 bit 放 100 個球，問這 100 個球中，最多有幾種顏色？最少有幾種顏色？（難度指數：★★★）

  上面這些問題，其實就是二進位的基本雛形。

📦 圖表法

接下來再看看《寶寶的量子糾纏學》。這本書的主題是一個微粒可以分解成兩個一模一樣的微粒，就像孫悟空拔了一根猴毛後變出一隻和他完全一樣的猴子。親子共讀時可以提問這些問題：

- 如果爸爸跟寶寶各有一個盒子，兩個人盒子放的球都是一樣的顏色，打開爸爸的盒子發現球是紅色的，那麼寶寶盒子裡的球是什麼顏色的？（難度指數：★）

- 如果有 4 個球，2 個紅色，2 個藍色，任意摸出 2 個球分別放到爸爸和寶寶的盒子裡，最後外面剩 2 個紅色球，問爸爸和寶寶盒子裡的球分別是什麼顏色？（難度指數：★）

- 爸爸和寶寶盒子裡的球顏色一樣，媽媽和奶奶盒子裡的球顏色一樣，但是媽媽和爸爸盒子裡的球顏色不一樣，那麼寶寶和媽媽盒子裡的球顏色一樣嗎？寶寶和奶奶盒子裡的球顏色一樣嗎？（難度指數：★★★）
- 如果 1 個紅球分解成了 2 個紅球，然後其中 1 個紅球再分解一次，變成了 2 個紅球，那麼現在一共有幾個紅球？（難度指數：★★）
- 如果 1 個球分解成了 2 個球，分解出來的 2 個球又各自分解成 2 個。請問，這兩次分解過後，總共有幾個球？（難度指數：★★★）
- 繼續上一個問題，如果分解第三次，每個球還是分解成 2 個，那麼最後有幾個球？如果分解第四次，最後有幾個球？（難度指數：★★★★★）

🔳 實驗法

我們還可以透過實驗的方式來加深孩子對繪本的理解。例如《寶寶的光學》這本書介紹了光的折射、反射等基本的物理概念，為了幫助孩子理解，我們可以和孩子做一個有趣的小實驗。

做兩個大小和方向都一樣的箭頭，前面放一個空杯子。然後在杯子裡緩緩倒入水，等水將最下方的箭頭蓋住時，你會驚奇的發現，箭頭竟然「蹭」的一下換方向了！這就是源於光的折射原理。是不是很神奇呢？透過這種方式與孩子一起共讀繪本，你一定能培養出一個愛動腦筋的孩子。

用概念類繪本
激發孩子的創造力

憨憨一年級時我去學校開家長會（美國家長會一般都是家長和老師一對一的形式），當時我問老師：「如何才能提高憨憨的語言能力和成績？」

老師回答：「當然是增加閱讀啦！」

一聽到閱讀，我就開心的說：「太好了，憨憨的閱讀量很多，像是 I Can read 系列、小豬小象系列（The Piggie and Elephant）、蘇斯博士系列（Dr. Seuss）……」

老師也說：「孩子讀的那些都是故事類繪本，如果希望孩子的閱讀能力更上一層樓，就要讓孩子多接觸非故事類的繪本，特別是概念類繪本。概念類繪本對孩子的語言發展、學科學習十分重要，還能擴展他們的知識面，激發他們的創造力。」

是什麼概念類繪本呢？接下來，老師跟我大致說明了概念類繪本的意義，並說明矽谷的小學會要求學生多讀這類繪本以增長知識，進而提升創造力。

📦 家長過度注重故事類繪本

在我們社區的圖書館，兒童繪本分為故事類和非故事類兩大類。每次去圖書館，憨憨第一時間就會去拿故事類繪本並且讀得津津有味，非故事類的書架卻很少光顧。

自從老師跟我談過閱讀的問題後，我也開始留心觀察，我發現其實不光是憨憨，大部分孩子和家長也都是這樣，每次借書，大家手裡都捧著厚厚一疊的故事類繪本。

為什麼家長和孩子都偏愛故事類繪本呢？因為故事類繪本裡都有一個主角，隨著主角的角色發展就會引發一段故事，孩子會覺得非常有趣，家長在講故事時也會很輕鬆，一個故事講完，還可以延伸出很多討論的話題，例如發生了什麼故事？誰做得正確？學到了什麼？

非故事類繪本包括概念類繪本、人物傳記、藝術等，讀起來沒有故事類繪本那麼輕鬆，特別是概念類繪本，大多介紹數學、科學、歷史等知識，沒有故事情節，甚至沒有故事人物，遠談不上生動有趣。如果沒有家長適當的引導，孩子看了之後會覺得索然無味。而家長看了之後，感覺就是一個個枯燥的概念，也不知怎麼講給孩子聽。

📦 概念類繪本的重要性

概念類繪本通常會描述某一類物體或某些抽象的概念。例如介紹汽車，概念類繪本會著重說明汽車的構造，如車輪、方向盤、引擎

等，仔細的說明科學知識。而故事類繪本則會將汽車擬人化之後，想像出各種不同的故事。而概念類繪本一般分為下面幾種：

數學類概念繪本

圍繞不同數學主題延伸說明，例如形狀、邏輯規律，或是計算、數數等，My Path to Math 系列就是這類繪本的代表。我不太喜歡那種大而全的教科書，因為一旦教科書涵蓋的知識太多，就很有可能每一個都講得不夠仔細，這樣會導致孩子一知半解。

因此，選擇一些數學專題類的繪本就顯得格外重要。例如我說明圖形移動給憨憨聽，因為涵蓋了平移、翻轉、旋轉、對稱等好幾個知識點，我用 My Path to Math 系列中的 Slides,Flips,And Turns，這套概念繪本就可以將這些知識分析得很透徹。

科學類概念繪本

科學的範疇很大，包括化學、物理、機械、天文等，這類繪本往往是瞄準一個小領域展開。例如 Basher 系列就是其中的佼佼者，每本都在講一個小知識。我幫憨憨借過 Basher 系列的很多書，小到分子、原子、元素週期表，大到星球、銀河系、太空，這套書都有涉及。

另外，還有一套名為 ME 的科普書也非常推薦，在美國很暢銷，它用輕鬆的畫面和語言為孩子說明測量、身體、時間、地圖、家庭、太空等概念。

記得有一天我帶憨憨去體檢，他看到醫院裡掛著一個人體模型，

便興奮地盯著模型，為我指出人體的各個器官。這些知識都是他從ME 那套書裡自己學到的。

閱讀科學繪本，孩子不僅擴大了知識面，而且還因為接觸的東西多了，他們的好奇心和創造力也隨之大大增強。有一天，憨憨讀了一本關於風的概念的繪本，他就突發奇想，琢磨著能否做一個風向標來測風向，於是我們就用吸管、竹籤、紙片做了一個。當颱風的時候，這個手工製作的小風向標還真的能幫我們指明風向。

歷史地理類概念繪本

這類繪本往往是從歷史或者地理的角度展開，每本書講一個歷史人物或是地理知識。例如我們有一次去夏威夷之前，我借了一堆關於夏威夷風土人情的繪本給憨憨看。還有一次憨憨要做一個關於達文西的項目，我們就幫他借了介紹達文西的繪本。這些繪本能幫助孩子了解地理、接觸歷史，大大提升他們的人文修養。

如何引導孩子讀概念類繪本

概念類繪本缺乏情節，趣味性會比故事類繪本少一些，父母的耐心和知識面將會決定孩子對這類書理解的程度。關於如何引導孩子閱讀概念類繪本，兒童教育專家 Anat Ninio 和 Jerome Bruner 特地提出了一個程式化對話（Ritualized Dialogue）的概念，即採用交互的方式讓父母和孩子互動起來，一共分為四個步驟。

程式化對話四步驟

❶ 「Look」，首先說一聲「Look」來吸引孩子的注意力。

❷ 「What's that？」然後開始提問：「那是什麼？」

❸ 「It's a ___.」讓孩子回答。

❹ 「Yes」，當孩子給出答案後，父母提供正面的回饋，經常加一些諸如「Good」、「Great」、「Awsome」之類的詞語尤為必要。

父母可以把上面的英文根據說話習慣轉換成中文。

對嬰幼兒來說他們的語言能力有限，父母需要提供一個大的框架，讓孩子在裡面填字。孩子長大一點以後，隨著他們語言和思維能力的提高，父母就能基於這個框架多問孩子一些問題。

例如我念 ME 系列的 Counting Time 這本書給憨憨聽，有一頁講了分和秒的概念，我打開計時器，讓憨憨眨了一下眼睛，並幫他計時，然後問：「你看，眨一下眼睛是幾秒鐘啊？」

憨憨看了計時器，答：「一秒。」

然後指著一張圖片，問：「你可以數數看圖中有幾個圖案嗎？」

「1、2、3……」他一個一個數下去，「一共六十個！」

「太棒了！如果我數一個圖案需要一秒鐘，那就表示我數完圖片中的所有圖案需要六十秒，」我進一步延伸，「其實六十秒又等於一

分鐘，你看是不是這樣呢？」

　　我拿出鐘錶，和憨憨一起計算秒針的跳動，以觀察了解秒針和分針的關係。當憨憨發現六十秒到了後，分針會增加一的時候，他激動地叫了起來：「真的，太酷了！」

　　和孩子共讀概念類繪本很考驗父母的功力，如果想讓孩子以最大的限度理解繪本，我們需要遵循以下三個原則。

　　一、經常和孩子進行互動，多提問，多回答。

　　二、利用實驗、影片等輔助手段，幫助孩子理解其中的知識。

　　三、發揮創造力，進行知識延伸。

從小學程式設計，
培養孩子的思考能力

程式設計是美國中小學教育中非常重要的內容，
甚至也有許多相關兒童讀物、繪本都開始讓孩子
接觸程式語言的概念，讓孩子從小時候接觸程式
語言，也能培養孩子的思維能力。

循序漸進，
培養孩子的程式設計思維

自從前美國總統歐巴馬要把程式設計納入中小學的教學體系後，美國程式設計教學低齡化的趨勢非常明顯，現在有越來越多關於程式設計的書籍、玩具、APP 都開始針對二歲的兒童設計。我看了很多美國主流的兒童程式設計啟蒙圖書後發現，如果想讓孩子學習程式設計，首先就要從培養孩子結構化程式設計的思維開始。

結構化程式設計

程式設計看起來很深奧，實際上並不複雜，說穿了，就是你用程式語言寫一段話，指揮電腦去做一件事情。說話有前後之分，程式語言也是一樣，例如你對電腦說：「你好。」「我是一位媽媽。」「請你放一段音樂。」

這三句話其實就是你對電腦下的一系列指令，透過這些指令，電腦知道：

「你在跟我打招呼。」

「你是一位母親。」

「你需要我放音樂。」

然後電腦就會按照你的指示，放一段音樂。

你對電腦說的那段話，就是結構化程式，它是按順序依次執行的，只不過電腦所理解的語言不是我們平時說話的語言。而電腦能理解的語言，我們稱之為程式設計語言。所以，教孩子學程式設計，有兩個重點：一是結構化程式設計，二是程式設計語言。

程式設計語言有很多種，例如 Scratch、Python、Java、C/C++等都是很主流的程式設計語言，而且兒童也能夠學習。每種語言都有自己的格式和語法，學起來並不難。難就難在程式設計思維，也就是結構化程式設計思維上。

例如說話，不管是中文還是英文都沒關係，關鍵是你知道說什麼。而結構化程式設計思維就是你想要表達的東西。

🔲 如何訓練結構化程式設計思維

現在主流的程式啟蒙教育，訓練的就是兒童結構化程式設計思維的能力。這種思維在孩子二歲時就可以開始教，運用卡通、桌遊、機器人等方式教孩子一步步學會下指令給電腦。以《Minecraft 我的世界》(編註)這個遊戲為例，這個遊戲是想辦法設下指令讓主角達到目的地，遊戲中有一個介面是下達指令給小人的地方，總共有三個指令可以選擇，分別是：向前走一格（Move Forward）、左轉（Turn

Left）、右轉（Turn Right）

　　我們所需要做的就是在這個介面裡幫小人定義好行進的步驟，最後點一下「運行」（RUN），小人就能按照我們給他的指令行走，如果走到目的地就表示成功，如果沒有走到就表示失敗。

　　如果我們給小人下的指令是往前面走三格，因此一共是三個「向前走一格」的指令，最後運行的時候，小人就會按照我們設置的指令往前走了。

　　看起來很簡單對不對？實際問題會比這個複雜很多，有時候我們需要用到條件語句，例如走到某個位置要做某個動作；有時候還會用到迴圈語句，也就是重複某個動作多少遍；還有時候我們會用到函數，把一組動作包含在一個固有的函數裡。

　　關於程式設計書籍，有一套 Code Babies 專門是給兒童程式設計啟蒙的，我已經將這套書引進到國內，並擔任了本書的翻譯，中譯名為《寶寶的程式設計》（中國科學技術大學出版社）。這套幼兒程式設計書籍對開啟孩子程式設計思維很有幫助。

　　關於程式設計機器人，有幾款都不錯。例如 Dash Robot，這款是學習程式設計的，有專門的 APP 提供程式設計介面。還有費雪的 Code-A-Pillar，這款是透過給毛毛蟲身體安裝不同的行動模組，以下達行動指令，以及 Learning Resource 的 Robot Mouse。其實，程式設計並不難，只要父母適當引導，相信每個孩子都會愛上程式設計。

編註：《Minecraft我的世界》是微軟與 Code.org 共同開發的一套程式教學遊戲，專為六歲以上的兒童設計，讓小玩家可以透過玩遊戲來學習程式編寫技巧，培養程式編寫的技能。

玩「桌遊」
也能教孩子程式設計

　　美國人玩的桌遊有一個特色就是具「開放性」，只要你願意，就能想出各式各樣有創意的玩法。我曾和憨憨在一起玩過很多訓練程式設計的小遊戲，例如一款叫做「機器龜」（Robot Turtles）的桌遊。

如何訓練孩子的程式設計思維

　　很多人會好奇程式設計不都是用電腦進行的嗎？和桌遊有什麼關係？分享一個美國小學在訓練程式設計的案例，這個訓練是用一款遊戲《Minecraft 我的世界》來進行。目的是把遊戲中的小人移到綿羊的格子裡。孩子需要利用程式設計來實現，程式設計框裡有三個指令，分別是前進、左轉和右轉。孩子在程式設計框中將指令設置好後，電腦就會自動按照你設定的程式來移動小人。

　　這個練習就是訓練孩子的程式設計思維。明白了這一點，那麼玩「機器龜」這款桌遊你就能理解了。「機器龜」就是教孩子設置行動指令，讓烏龜找到珠寶，而且不需要使用電腦。

「機器龜」的標準型玩法

玩法是將珠寶卡放在中心位置，將冰城堡、木城堡、木箱子隨意放在地圖上，孩子的工作就是根據烏龜所在的位置，每次出一張行動指令卡，例如前進、左轉或者右轉。如果烏龜面臨冰城堡擋住去路時，可以出一張雷射卡，將冰城堡融化。最後移到珠寶處便獲勝。

「機器龜」的競爭型玩法

除了說明書中介紹的基本玩法，我們還可以稍做延伸。我跟憨憨玩的時候會跟他一起設置關卡，例如我分給每個孩子一個冰城堡、一個木箱子、一個木城堡，然後讓每個小朋友為對方設計地圖，人為設置路障。

這裡就有很多技巧，舉個例子，如果烏龜到珠寶所在地的直線路程中沒有任何障礙，那麼它到珠寶所在地的路程一定是最短的，花費時間也最少。但是如果你在烏龜到珠寶所在地的直線路程上設置一個冰城堡，那麼孩子就需要用一張雷射卡將其融化，然後才能行走，步驟就會多一步。而如果你在烏龜到珠寶所在地的直線路程上設置一個木城堡，那麼孩子就需要繞路行走，就多了好幾步。最後取得珠寶用的步驟最少者為勝。

這個玩法其實考驗了孩子兩個方面的技巧：一是給對方設置障礙的技巧，二是破解別人設置的障礙的技巧。

這個過程不僅學習了程式設計的技巧，還需要計算最佳路徑，這就比第一種玩法難了不少。

📦 「機器烏龜」的過關型玩法

這個玩法是我和憨憨設計的，就是將珠寶放在任何位置，然後在烏龜到珠寶的直線路程中間設置很多障礙，讓孩子試著用透過卡牌的指令到達珠寶所在地。

在這一過程中，到達珠寶所在地有很多路徑，我們需要孩子找出最短路徑，也就是說所用的指令要最少。這就像我們設計程式的時候都需要最優的演算法。程式寫得越少，那麼這個程式執行的速度就越快。這一款桌遊就是需要不斷訓練孩子解決問題，以及優化設計的能力。

將程式理念融入戶外活動，陪孩子一起玩

　　許多讀者會問，他們完全不懂程式設計，要怎麼教孩子呢？寶寶才兩三歲，也可以開始程式設計啟蒙嗎？程式設計現在有多熱門？看看美國就知道了，有一條新政策是程式設計已被納入美國的幼稚園到高中的教育體系，為此政府特批了四十億美元的基金支持這一項計畫。

　　美國有一些幼稚園、小學也已經開始在平日的教學中向孩子傳授程式設計的常識。程式設計一般都要用電腦來執行，可是對於幼兒來說長時間使用電腦並不合適，那怎麼辦呢？於是很多學校就將程式設計的理念融入「戶外活動」中，這些活動我們在家也可以陪孩子一起玩。

　　最基本的程式模式有三類：順序執行、條件語句、迴圈語句。順序執行就是將命令一條條地依次去做，直到執行完，程式也就結束了，這個很好理解。而很多孩子最迷惘的就是在條件語句上，條件語句的格式是「if …… else ……」，電腦入門的時候都會先接觸這個。而這個概念也非常考驗孩子的邏輯思維能力，理解了它就表示已經跨入了程式設計的大門。

if 　判斷條件：結果 1 　　　else：結果 2

什麼是條件語句呢？舉例來說，我們需要電腦放一首歌，如果我在鍵盤輸入的是 A，那麼放的是黃致列的歌；如果不是 A，放的就是李玟的歌。這段話如果用程式設計來表示，就能寫成下面這樣：

if 　鍵盤輸入 A：放黃致列的歌 　　　else：放李玟的歌

這個「if ⋯⋯else ⋯⋯」就是程式設計必用的條件語句。話又說回來，這個句子大人一看就明白，可是孩子們要怎麼理解呢？美國老師為此設計出了一個很棒的遊戲。

這個遊戲平時在家或者一群小朋友玩耍的時候都可以玩。遊戲開始的時候，首先要選擇一個小朋友（假設名字叫 A）作為參照物，別的小朋友就會根據 A 的指示來做動作。

第一關：複製動作

我們在紙上寫下程式。if 　A 做一個動作：大家都要做同樣的動作

也就是說，如果 A 做什麼動作，別的孩子都要跟著做同樣的動作，如果誰做錯了那就是誰輸了。透過這一步，教會了孩子一個最基本的概念：程式設計中的條件語句——如果發生了什麼條件，那麼就會產生相應的結果。

第二關：動作相反

然後程式改成了這樣。if 　A 做一個動作（蹲下或者跳起）：大家要做相反的動作（跳起或者蹲下）

也就是說，如果 A 蹲下，那麼別人就要跳起來；而如果 A 跳起來，那麼別人就要蹲下。檢查這個過程看誰搞混了。這一關的難度在於，孩子看到的和需要做的是完全相反的事情。透過這一步孩子可以慢慢理解，在條件語句中條件和結果可以不一樣。例如例子裡的條件是 A 跳起，但結果是別的孩子要蹲下。

第三關：反之情況

繼續修改程式，加入了一個 else。if　A 舉右手：大家都要舉右手 else：大家都要抬右腳

也就是說，如果 A 舉右手，那麼別人都要舉右手；而如果 A 沒有舉右手（他在做別的動作），那麼別人都要抬右腳。這個就有點難度了。大家可以一起比賽，做錯的人就出局，看看誰是最後的冠軍。透過這一步，孩子理解了整個條件語句的概念，如果出現了某個條件，產生相應的結果；但如果沒有發生那個條件，就會產生別的結果。

第四關：開始程式設計

到了最後一關，可以讓孩子開始程式設計了。我們讓孩子自己制定遊戲，用「if ……else ……」的格式把遊戲規則寫下來，要求就是給出一個條件和兩個結果。如果達到某個條件，就會產生第一個結果；而如果沒有達到條件，就會產生另外一個結果。範本如下。

if ＿＿＿＿＿＿＿：＿＿＿＿＿＿＿＿＿＿＿ else：＿＿＿＿＿＿＿

透過這一步，孩子就可以根據自己的想法編寫喜歡的程式了。

用思維導圖培養
孩子的生活常規

思維導圖是有效表達發散性思維的圖形思維工
具，透過教孩子學習及使用思維導圖可以培養思
考力、表達力和寫作能力。

八種「思維導圖」訓練
孩子解決問題的能力

美國中小學的老師經常使用「思維導圖」來培養學生的思維能力。研究發現思維導圖在鍛鍊孩子的思維能力、表達能力、寫作能力等方面有很大的幫助。

什麼是思維導圖？

思維導圖（Thinking Map）主要是運用圖文把各類主題的關係表現出來，把主題關鍵字與圖像、顏色等建立記憶連結。思維導圖可充分運用到左右腦的機能，利用記憶、閱讀、思維的規律，協助人們在科學與藝術、邏輯與想像之間平衡發展，進而開啟人類大腦的無限潛能。

幾歲可以開始學思維導圖

父母可以將思維導圖當作一種思維訓練方式運用。很多時候你會

發現用圖表解釋，會比言語來得直接易懂。因此父母講述一個道理、描述一個理論給孩子聽的時候，就可以利用思維導圖，也可以鼓勵孩子用思維導圖來解決問題。

　　思維導圖的學習對年齡並沒什麼要求，只要孩子能拿筆畫圖或能使用卡片時即可開始學。例如，對較小的孩子來說，要讓孩子養成良好的生活習慣，你可以讓他自己畫一張流程圖（見下圖），描述出早上起床後要做的幾件事情（穿衣、洗臉、刷牙等），這個過程能鍛鍊孩子思維的縝密性、邏輯性。

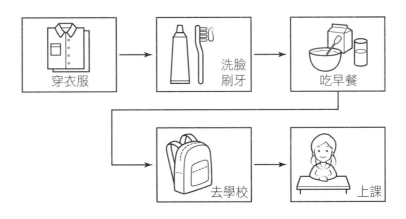

思維導圖的種類

圓圖（Circle Map）

　　圓圖可以幫助孩子們定義一件事情或一個想法，特別適合討論某個主題時的頭腦激盪。在圖的中心畫一個核心圓，裡面用文字、符號、數字等定義大家想描述的主題，在核心圓之外，用關鍵字或者圖形描繪出大家對這個主題的理解和描述。

【舉例】下圖的中心是「我的貓」，而週邊的關鍵字就是「十三歲了」、「母的」、「個頭大」、「很可愛」、「害怕兔子」等。

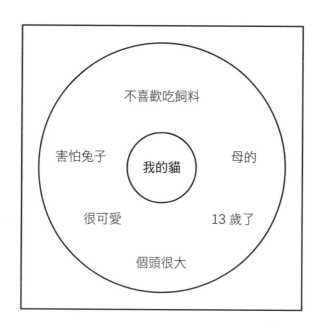

【思維訓練】讓孩子用圓圖描繪出假期最喜歡的活動、喜歡的書、給長輩的禮物等。

泡泡圖（Bubble Map）

　　泡泡圖通常用於定義事物的屬性或相應的聯繫，在孩子寫作或表達時，能增加他們對於一件事物描繪的深度和多樣性。在中心圓寫下主題詞彙；在周圍的圓上，寫下與主題相關的特性或者屬性。

【舉例】下圖中，主題的核心圓是「冰淇淋」，周圍的屬性圓是「好冰」、「美味」、「絲滑」、「很甜」等。

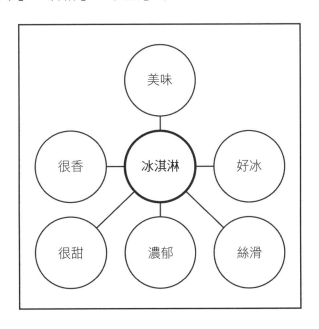

【思維訓練】請孩子用泡泡圖描述朋友、寵物、最愛的遊戲等。

雙泡泡圖（Double Bubble Map）

如果你需要比較兩個相關主題，那麼雙泡泡圖是很好的工具。將兩個主題分別畫在兩個圓中，周圍的泡泡就是關於主題的屬性或者聯想，如果一個泡泡和兩個主題都關聯，那麼它就可以用線跟兩個主題圓都連起來。這樣的好處是兩個主題有什麼共通性一目了然。

【舉例】例如下圖，左邊的核心圓列出了生活在水裡的動物，右邊的核心圓列出了生活在陸地的動物，中間的小泡泡裡就是那些同時具有兩個特性的動物，透過雙泡泡圖能看出螃蟹、烏龜、青蛙、鴨子等既能生活在水裡，也能生活在陸地上。

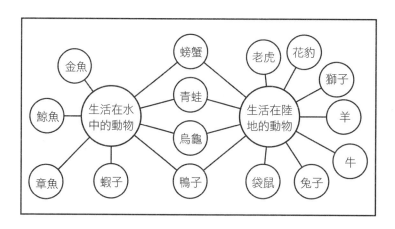

【思維訓練】請孩子用雙泡泡圖來比較自己和他的朋友、比較爸爸和媽媽、比較最愛和最討厭的食物、比較兩個老師、比較書中的兩個角色、比較新舊學校等。

樹圖（Tree Map）

　　如果想學分類，那麼樹圖無疑是最佳選擇，物品可以分門別類在各個主題中列出來。首先確定一個一級主題，然後根據這個一級主題進行分類，羅列出若干個二級主題（甚至可以三級或更多主題），最後再對每個主題進行補充。樹圖非常適合學習、測驗，例如教單字，如果是按照主題或者自然拼讀法（phonics）教，那麼每個主題、每個韻律都可以是一類，孩子可以寫上對應的單字。

【舉例】例如下圖，一級主題是動物，二級主題則是列出了各種各樣的動物類型，有魚類、昆蟲類、鳥類等，然後把各種動物歸進相應的類別中。

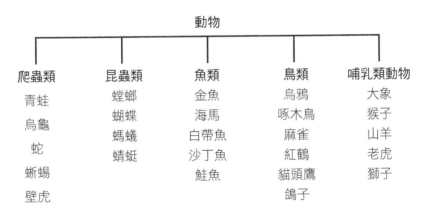

【思維訓練】把本周學習到的單字或幫媽媽把買菜清單進行分類。

括弧圖（Brace Map）

　　括弧圖能幫助孩子理解主題和其屬性的聯繫，通常用於分析一個事物的結構。在圖的左側寫上主題，然後畫一個大括弧，囊括這個主題的主要部分，之後對每個部分用一個大括弧再描述細節。

【舉例】例如下圖的左邊描寫技術能力，然後分類是資料庫、多媒體、通信等，再分細一點，通信可以再細分互聯網、電子郵件等。

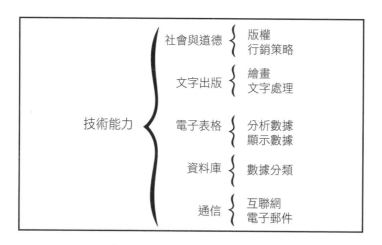

【思維訓練】請孩子用括弧圖的形式描繪一個國家、一個縣市或一種植物等。

流程圖（Flow Map）

　　流程圖是用來描述一件事情的過程。首先寫下一個主題，然後用小方框描述這件事情的每個步驟，最後用箭頭將這些步驟聯繫起來。流程圖可以訓練孩子的邏輯思維能力和思維的縝密性。

【舉例】例如下方案例的主題是「如何做一個花生醬的三明治」，流程則是「拿兩塊麵包」、「將麵包放在餐盤上」等，一直到最後「享受美味的三明治」。

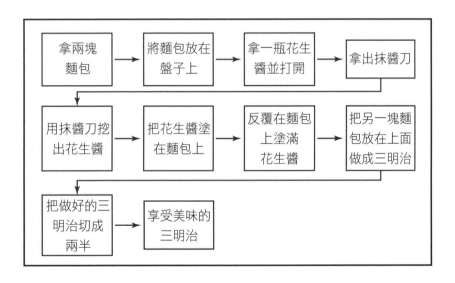

【思維訓練】讓孩子畫一個流程圖描述怎麼洗碗、怎麼做點心、怎麼綁鞋帶等。寫完後，可以嘗試將孩子做的流程圖交給別的小朋友，看他們能否根據流程圖中的步驟順利完成。也可以用流程圖的方式來創作一個故事。

多流程圖（Multi-Flow Map）

　　如果想描述一件事情中的因果關係，那麼用多流程圖再合適不過了。這種流程圖一般首先需要定義核心方框，描述這件事情；然後在左邊描述原因的方框，用箭頭指向核心方框；再在右邊描述結果的方框用箭頭從核心方框引向結果方框。多流程圖可以幫助孩子分析一件事情的起因和結果，讓他們思考其中的對錯。

【舉例】如核心方框是「將杏仁條給朋友」，左邊描述原因的方框是「糖果讓人開心」、「朋友需要我的幫助」，右邊描述結果的方框是「友誼更長久」、「朋友很吃驚」、「朋友表示感謝」等。

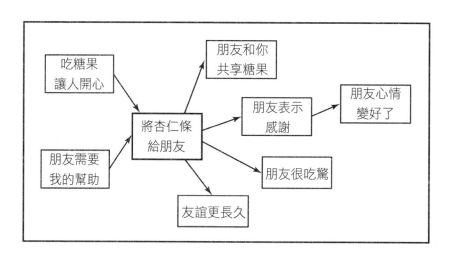

【思維訓練】請孩子選擇兩個生活中的事件，用多流程圖畫出來，一件是帶來好結果的事情，另一件是帶來不好結果的事情。

橋圖（Bridge Map）

　　橋圖用來描述事物之間的相似性和關係，在圖的最左邊描述主題，右邊分別列出各個相似主題的名稱和描述。

【舉例】例如下圖左邊的主題是描述書中的一個角色，右邊分別列出了《夏綠蒂的網》中的威爾伯、《巧克力冒險工廠》中的威利·旺卡等。

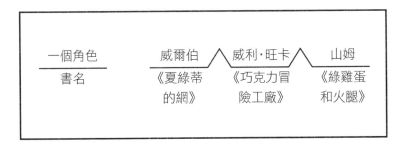

【思維訓練】讓孩子用橋圖呈現各種生活習慣、動物們的主要食物、車的廠商和型號等。

用圓圖培養孩子的
擴展性思維

「圓圖」是思維導圖中的一種形式，也就是中心有一個小圓，裡面寫上主題，接著外面再畫一個大圓，將關於這個主題的所有內容囊括進去。這種圖很適合公司會議討論，也很適合孩子針對一個主題進行發散性思考。

美國國家教育聯盟（National Education Association，NEA）專門就圓圖的學習和使用，邀請了洛杉磯的一位小學老師介紹怎麼和孩子一起使用圓圖。

老師跟孩子們討論土壤，她在白板上畫了一個小圓，裡面寫上「土壤」，接著她問孩子們，關於土壤他們能想到什麼。有人說泥土，有人說碎石頭等。老師將這些答案一一寫在「土壤」的周圍，很快的「土壤」外圈寫滿了孩子的答案。老師將這些答案都圈了起來，接著她問孩子，他們是從哪裡獲取這些知識的。有的孩子說是從書裡，有的孩子說是從網路，老師將這些答案寫在了相應圈圈的周圍，並用一個大圈框了起來。

最後一張三個圓的圓圖就做好了，最裡面那個圓代表「土壤」這個主題，第二層圓介紹了關於土壤的聯想，第三層圓講述了這些知識的獲取管道。

這就是圓圖的迷人之處，層次清晰而且很有條理，孩子在不斷發散的思考中拓展著自己的思維能力。

一般來說，圓圖有兩種有趣的玩法。

玩法一：由中心→周圍

這種方法要事先定義好核心圓的主題，然後再想這個主題的相關內容。例如讓孩子介紹一下數字，談談這些數字都代表了什麼。這種方法是首先明確中心主題，然後根據主題進行發散性思維。

玩法二：由周圍→中心

這種玩法有一個名字叫作猜猜主題（Guess the Main Idea）。有的老師會在外面的圓圈裡畫上一些圖畫或者文字，然後讓學生猜核心圓裡面的主題是什麼。

有時候也會讓孩子們自己畫圖案，然後讓大家互相猜主題，這種玩法的難度會更高一些。對於繪圖的孩子來說，他們需要將想表達的思想用圖畫或者文字表達出來；對於猜圖的孩子來說，他們需要抓住整個圖畫的思想，找出主題。

圓圖的升級版

傳統的圓圖是兩個圓圈，但它可以根據你的喜好決定為三層圓或多層圓。例如下圖左方所示，它由很多層圓組成，核心是介紹我的世界，第一層介紹我，第二層介紹我的學校，第三層介紹我的鄰居，然後是我的城市、國家等。

每一個圓上有很多空格，可以讓孩子填寫更詳細的內容。孩子在這樣層層展開、層層遞進的過程中，可以不斷了解自己，思考周圍的世界。

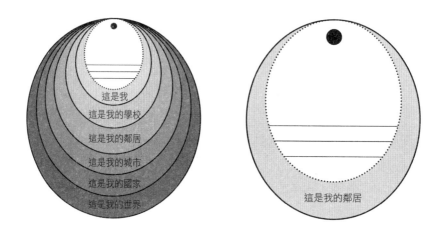

最後你會發現，圓圖升級版可以不斷開拓孩子的思維，讓孩子每次思考的領域都比原來更大，從微觀逐漸發展到宏觀，不斷探索未知的內容。

用思維導圖訓練孩子的語言表達能力

記得憨憨剛上小學一年級的時候，老師在教室裡貼了一張表格，告訴小朋友可以做的事情（Can），包括讀書、寫字、學習；所擁有的東西（Have），包括書桌、書包、文件夾；是什麼樣的人（Are），包括大學生、聰明、讀書人。

細看一下，這不就是思維導圖中的樹圖嗎？對於這張表，美國人還幫它取了一個很有意思的名字，叫作 Can/Have/Are 表，其實就是思維導圖中樹圖的一種，樹根是主題，樹枝是 Can、Have、Are 這三類，而樹葉就是內容。

Can	Have	Are
讀書	書桌	大學生
寫字	書包	聰明
學習	資料夾	讀書人

可別小看了這張表，它對於訓練演講能力、寫作能力、閱讀理解能力、語言表達能力都非常有用。

什麼是 Can/Have/Are 表

有一次，憨憨的老師念了一個企鵝的故事給學生聽，然後給學生每人一張表，要求孩子們寫出企鵝可以做什麼（Can）、有什麼（Have）以及是什麼樣子的（Are），最後根據自己寫的內容，輪流上臺介紹自己對企鵝的理解。

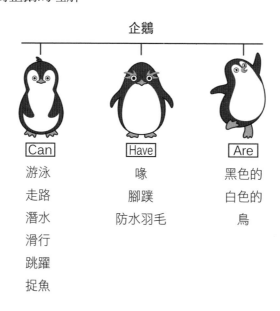

企鵝

Can	Have	Are
游泳	喙	黑色的
走路	腳蹼	白色的
潛水	防水羽毛	鳥
滑行		
跳躍		
捉魚		

整個過程就是考驗孩子對知識的理解度，描述和表達事物的能力，這也是美國學校訓練孩子閱讀、演講、寫作能力經常採取的一種教學方法。如果想讓孩子認識別的動物、認識各種科普名詞，例如了解太空人、消防員，都可以使用這個表。

Can/Have/Are 表的變化

　　Can/Have/Are 表並不是一成不變的，而是可以根據不同的需要產生很多變化。描述一種植物可以用 Have/Need/Give 表；描述入學時新認識的朋友可以用 Like to/Are/Can 表；如果想做個小小科學家，那麼可以用 Can/Have/Need 表；對於嘴饞的小傢伙描述爆米花，可以用 Smells/Tastes/Looks/Sounds/Feels 表等。針對不同的使用場景、不同的表達內容，這些表格還可以自由組合。

Can/Have/Are 表的功能

　　Can/Have/Are 表很適合用來描述一個名詞或一個事物，美國老師為了鍛鍊孩子的語言表達能力，會經常鼓勵多用一些形容詞來描述主題。

　　有一次在母親節前夕，老師出了一個演講任務給孩子們，主題是介紹媽媽。我們就請憨憨運用 Can/Have/Are 表，首先介紹「Are」，說媽媽漂亮、聰明、善良、對人很好……然後介紹「Have」，說媽媽有烏黑的頭髮、黑色的眼睛，最後介紹「Can」，說媽媽會煮很好吃的菜、會講好聽的故事……等。

　　如此一條條的說出來，孩子的思路會很清晰，敘述的內容很豐富，這也能大大提升他的寫作能力和演講能力。

怎麼做 Can/Have/Are 表

如果想要在家訓練孩子的語言表達能力，Can/Have/Are 表絕對是一件利器，而且容易操作。

• 先找一個範本，並列印出來。

• 講一個故事給孩子聽，或者讓孩子讀一本書。

• 然後指定書中的一個主題給孩子，讓孩子將與這個主題相關的「Can、Have、Are」寫出來。

• 最後請孩子結合表格裡面自己填寫的內容，把這個主題當著大家的面講一遍。

憨爸分享

我整理了幾個樹圖的範本，可以在我的公眾號「憨爸在美國」對話方塊裡回覆「tree」就可取得參考。

數學啟蒙，
從生活中就能培養

數學啟蒙是家長們也很注意的學科之一，但如果
太過制式學習容易讓孩子對數學失去興趣，缺乏
思考解題的能力，孩子的數學啟蒙應從生活中開
始做起，加強邏輯力、推理力等方面的訓練。

如何讓孩子快樂學數學

剛來美國時，有一次我和經理出去吃飯，吃完後經理用計算機算著該付多少錢。我就很訝異的問：「為什麼不心算，不是很容易嗎？」他很崇拜的看著我說：「這太難了！算不出來。」我當時非常驚訝，他可是加州大學柏克萊分校本科畢業，史丹佛大學碩士畢業，雙重名校的身份，怎麼可能連個簡單的加減法心算都搞不定呢？

後來我進入史丹佛大學修課，第一次考試時教授對我們說：「你們考試時可以帶計算機過來。」我當時還以為會有大量高深的數學計算在等著我們，後來才發現，所謂的計算都只是一些簡單的兩位數的乘除法，但當時在考場上，我身邊的那些美國高材生一個個都在按計算機！

後來有一件事改變了我的看法，在史丹佛大學修課的那段時間，有一門課教的是演算法，其中用到很多數學公式。這些數學公式我看著非常熟悉，我熟悉它們的名字，甚至在哪本課本上出現過、在什麼時候學過我都記得，但就是不記得它們是什麼含意，也不記得它們該怎麼用了。

老師講課的時候對這些數學公式都是信手拈來，我的那些美國同學聽得津津有味，而我就很抓狂，不得不回家翻出以前的課本，惡補了好幾天才跟上學習進度。

其實我在大學的數學成績很好，考研究所的時候數學將近滿分，但即使是這樣的數學成績，我還是忘了大學時學過的數學基本公式和原理，真是讓人汗顏。

我們過度強調做題，卻忽視了對數學最本質的理解。我們能透過反覆解題找到通過考試的捷徑，但是並沒有真正把數學應用在生活中，所以學到的只是一堆公式和定理而已，一旦考試結束，這些公式和定理會隨著時間的流逝而淡出我們的記憶；而生活中的數學則大不一樣，一旦理解了，這些數學知識就像常用技能一樣深深紮根在我們的記憶當中。

在家輔導憨憨學數學時，我同時買了美國數學教材和中國數學教材，對比之下，我明顯地感受到了兩國數學教育的不同。

難易度不同

在中國的小學一年級數學教材中，就有兩位數的加減法了。對比可知，美國二年級的數學還只是圍繞著十以內的加減法，當然在二年級的後期會開始兩位數和一位數的加減法，但是進度比中國同年級要來得慢很多。

側重點不同

美國數學著重向孩子傳遞數學理念，例如數字到底代表了什麼？在生活中要怎麼運用數學？所以美國老師會花更多的時間來教學生，誰最重、誰最輕，重多少、輕多少之類的問題，而不是直接讓孩子用加減法的公式來計算。先充分理解，然後再學習公式，這是他們的教學思路。而國內很多家長恨不得孩子迅速掌握兩位數的加減法，做題拼速度，例如半小時之內能做多少題，正確率是多少，能不能心算等，至於是否理解不重要，公式一寫、答案正確就可以了。

教學思路不一樣

美國老師教數學的時候，會鼓勵孩子發掘自己的解題思路，並把解題思路寫在試卷上，而不僅僅是寫一個答案。憨憨有一次數學考試答案全對，但是沒有得滿分，原因就在於他偷懶沒有寫解題思路，只是把答案寫上去了。老師更看重的是孩子的思路，而不是答案。

《新加坡數學》是矽谷教育機構中特別流行的一本課外輔導數學教材，其中有一道減法題，要求孩子把數字分解成覺得容易計算的幾個部分，然後給出答案。例如 $25-4$，你可以分解成 $20+5-4$，或者 $10+15-4$，答案不是唯一的，只要孩子能夠理解減法的本質，並且能說出分解的思路就可以了。

思維能力的鍛鍊

　　美國老師在數學教學過程中還強調訓練孩子的思維能力，這包括邏輯思維、空間思維等。我幫憨憨報名的史丹佛大學天才兒童數學課程，裡面專門有一個遊戲是俄羅斯方塊，讓孩子用指定的方塊組合填滿一個圖形，這個遊戲有助於提升孩子的空間思維能力。

　　另外還有一個遊戲是讓孩子為小汽車寫程式設計，設計幾種方向的組合，然後讓小汽車根據指定的方向組合來開動，看看最終能否開到終點。

憨爸分享

我們在輔導孩子數學的時候，可以結合美式數學教育中的優點。

❶ 傳授新知識時，要先理解再做題，鼓勵孩子把所學的知識應用在生活裡。

❷ 訓練孩子的思維能力，例如找規律、畫圖形等，iPad是個很好的工具，裡面有不少好玩的開拓思維的 APP。

❸ 鼓勵孩子自己思考、探索答案和找到自己的解題思路，不要把我們大人的思路強行灌輸給他們，有時候你會發現，孩子的思路比你來得更直接、更巧妙。

這樣教數學，
孩子才會感興趣

　　知名教育家格倫‧多曼（Glenn Doman）先生是兒童大腦訓練的先驅，他認為，數學是早教中最不可缺少的元素。在我們傳統的教育思路裡，數學早教就等同於認識數字、數數以及做加減法題，這種理解不能說錯誤，但是不全面。

　　結合美國的幼教思路以及為憨憨做數學啟蒙時的心得，我總結了以下六個方面的內容，希望能幫助大家在引導孩子學數學時有更清晰的認識。

熟悉數字

　　這個過程分為兩個步驟，第一步是認識數字，從 0 到 100 甚至更大的數字；第二步是學會將數字和真實的生活場景結合起來。

　　在教孩子認識數字的時候，父母可以借助一些練習冊例如《階梯數學》、《新加坡數學》，讓孩子知道數字的含義，會數數，並將數字寫出來。接著就能將數字慢慢融入生活中，例如帶孩子出去玩的時

候，可以讓他數汽車、樹木、花朵⋯⋯等。

我們還可以和孩子玩找數字的遊戲，憨憨小時候最愛玩這個遊戲。每次我們陪憨媽逛街的時候，憨媽挑衣服，我就帶著憨憨在店鋪數門牌號碼，我們會約定一個數字（可以是個位數，也可以是三位數），然後一聲令下，看誰先找到。別小看這個遊戲，其實也有些訣竅，商場裡各個店鋪的門牌號都有規律，一般順著一個方向連續編排。例如我們約好找 21 這個數字，而我們現在身處門牌號為 19 的店鋪門口，那麼孩子就得動腦筋去想從哪個方向搜尋才是正確的，這樣就能更深刻地理解數字順序排列的意義。

 ## 數數

數數看起來很簡單，不就是從 1 數到 10 或者數到 100 嗎？沒錯，這是數數的基本概念，但在這裡我要跟大家分享的是如何透過遊戲來讓孩子理解數數。

數學闖關遊戲

第一關：讓孩子學會按順序數數，每次間隔 1 個數，從 1 數到某個終點數字。

第二關：不要從 1 開始數，而是從你任意指定的一個數字

開始數，直到終點數字。這稍微有一點難度，打亂了孩子原來從 1 開始的固化思維。

第三關：順著數很流暢，那麼試試倒數吧。你可以指定一個數字，讓孩子從這個數倒著數到 1。這就讓孩子對數字次序的概念更加清晰了，知道一個數字左邊是什麼，右邊是什麼，哪個大，哪個小。

第四關：接著增加難度，間隔 2 個數開始數數，例如 1、3、5⋯⋯或 2、4、6⋯⋯這樣數下去，如果你有興趣，還可以告訴孩子這樣的數分別叫奇數和偶數。這其實就有了一定的加法計算能力，孩子知道每次加 2 往下數了。

第五關：下面就從 0 開始，每次間隔 5 往下數數。選擇 5 是有原因的，因為 0、5、10、15 這些數字孩子計算起來比較容易。

第六關：這時候你可以指定任意數的間隔，例如間隔 4，並指定一個起始數字開始往下數。這對加法計算能力的要求稍微有點高。

透過這個方法，孩子對數字的順序、加減法的理解會更透徹。

數字運算

那麼要如何教孩子理解乘除法呢？我們不可能讓孩子二歲就開始學乘除法，但是我們可以先從生活中各種例子來灌輸概念，例如去餐廳吃比薩時。

比薩被分成了八份，這時我會問憨憨：「如果爸爸跟寶寶分比薩，每人吃一樣多，你會怎麼分呢？」如果他答出來，我會接著問：「如果爸爸、寶寶、媽媽和奶奶一起吃比薩，大家吃一樣多，那每人該分幾份呢？」

這樣提問就能幫孩子理解基本的乘除法概念。當然，我通常會「得寸進尺」，看孩子都答出來後緊接著我會考他：「還是八份比薩，如果爸爸比寶寶多吃二份，媽媽跟寶寶吃得一樣多，那麼寶寶應該吃幾份啊？」孩子答不出來沒關係，確實有點「燒腦」，那就趁熱先吃比薩吧。

測量

這個測量並不一定要用拿尺去量，而是一個廣義的概念，包括認識時間、重量、長度等。例如認識時間，可以先教孩子認識星期幾、幾月幾號等基本知識。如果想要增加難度可以用以下方法考孩子。

有一次在路上散步，我問憨憨：「明天是星期天了，那麼前天是星期幾呀？」看他輕鬆答出來後，我又繼續增加難度問：「昨天是星

期四，那麼後天是星期幾啊？」對於這類題目，孩子的大腦裡必須要有一個時間軸，知道今天、明天、後天等概念，這樣才能得出最後的結果。剛才說的是時間，接著是重量。可以透過遊戲來幫孩子認識重量，如果家中有秤，也可以試著跟孩子玩這些遊戲。

第一關

認識刻度。將一個蘋果放到秤上，讓孩子認識一下重量刻度。接著再放一個檸檬上去，看看重量是多少。之後就可以問孩子誰重誰輕。

透過認識刻度孩子就能知道利用重量如何分辨物體輕重。

第二關

拿三個蘋果出來，然後問孩子能不能找出幾個檸檬，跟這三個蘋果一樣重呢？這個問題的解題關鍵在於先把三個蘋果放到秤上，記下刻度。然後再把檸檬一個一個放上去，直至達到那個刻度為止。當然有可能不會那麼精準地到那個刻度，這時候孩子需要稍微做點調整，例如把裡面個頭比較大的檸檬換成小個的再試。

這些遊戲能讓孩子對重量、大小有更深刻的理解。

◫ 形狀

認識形狀也是數學啟蒙中的一個重要方面，基本形狀有三角形、圓形、正方形、長方形等。生活中可以帶著孩子去觀察各種形狀的物體，下面我給大家介紹一個比較有趣的形狀認識法。

海洋水族館是孩子們特別喜歡的地方，我帶憨憨去過很多次，我發現，海洋魚類不僅五顏六色，而且形狀各異。將海洋魚類作為認識形狀的工具再好不過，這也是激發孩子學習興趣最有效的途徑。

當然，認識圖形只是第一步，再難一點兒，我們還可以自己擺出圖形。例如，我給憨憨三根牙籤，要求他擺出一個三角形；或者給他五根牙籤，請他擺出二個三角形。

◫ 邏輯規律

邏輯規律題常常用來考驗孩子的邏輯思維能力。下面分享幾個我和憨憨用樂高理解邏輯規律的例子。

第一關

我分別選了一些四顆粒的積木（暫名 A）和八顆粒的積木（暫名 B），我把積木排列成 ABABAB 的樣式。然後讓憨憨根據這個序列排出後面兩個積木。這是一個最基本的排列。

第二關

還可以按 AABBAABB 排列，讓孩子排出後面的積木。這其實就是 AABB 的迴圈。

第三關

增加難度，排成按 ABAABAAAB 排列，讓孩子排後面幾個。這一關的規律就是每次增加一個 A。

第四關

加入六顆粒的積木（暫名 C），這樣排列組合就更多了，例如，ABCABCABC。

　　父母還可以透過顏色、形狀來區分，讓樂高積木的排列組合更為豐富。數學來自於生活，所以也要應用在生活，冰冷的數字是沒有意義的，只有和生活的事物結合起來，數學才能發揮最大的價值。

美國老師的數學課
不只有計算

　　美國老師在教數學時非常重視實用性，憨憨還在學習加減法時，有一天他們的數學老師出了一個研究專案，主題是發生自然災害後如何救災。首先老師會說明什麼是自然災害，例如地震、洪水、惡劣天氣等，自然災害會對人類生存環境造成很大的破壞。如果發生自然災害，道路很可能會被毀壞，食物、水這些救災物資都無法運送到災民的手裡。

　　接著老師說，如果沒有食物和水，人們將很難生存。因此向災區運送生活必需品勢在必行。一般來說，往災區發放的是一種叫作MRE（Meal-Ready-to-Eat）的食物。這些食物開袋即食，便於運輸和保存。此外，救災所在地的倉庫必須有足夠的儲備，以保證災區食物的正常發放。

　　最後老師給孩子們的任務是：假設有兩個島上發生了一場地震，橋樑受損嚴重，我們如何設計一套合理的救災方案呢？老師提供的線索有兩個：

- 計算出一共需要多少食物和水。
- 如果用直升機運送救災食物，制定合理的直升機行動路線。

首先老師畫了一張地圖，地圖上有兩個島災情嚴重，名叫 Wiles 的島上有 A、B、C 三個小鎮受損，而名叫 Zeno 的島上有 D、E 兩座小鎮受損。因為橋樑也在地震中被破壞，預計還得一天才能恢復通行，所以我們需要先透過直升機給島上的居民運送一天的食物，以解燃眉之急。

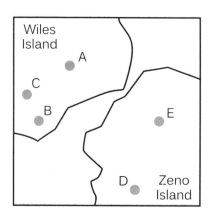

　　那麼，我們需要運輸多少食物才能滿足災區一天的食物需要呢？

第一關

　　老師列了五項任務，讓孩子們從中選出究竟哪些任務能幫助計算食物量。

　　（1）計算不同城鎮之間通行的時間。

　　（2）計算總共需要救援的人數。

　　（3）計算倉庫裡還需要儲備多少食物和水。

　　（4）計算救災需要發放多少食物和水。

（5）計算每個包裹的重量。

【結論】答案是（2）（3）（4）。這一題和數學無關，是考驗孩子對生活小常識的認知有多少，家長可以趁此問題鼓勵孩子多思考。

第二關

等孩子選對任務後，緊接而來的就是統計救災的人數，這就是一個加法計算題了。假設 Wiles 島上有 194 人，而 Zeno 島上有 96 人，那麼災民共有多少人？

【結論】家長可以根據孩子目前對數學的掌握程度來修改題中的數字。如果是讓正在上幼稚園的孩子來做，那就改成 10 以內的數字。

第三關

緊接著又是另外幾道加減法題。

• 如果每個人每天需要 1 份水和 3 份食物，那麼基於上面計算的總人數，總共需要多少份水和食物呢？

• 我們倉庫裡目前有 350 份水和 945 份食物，夠用嗎？

• 如果將救災物資發出去後，倉庫裡還剩多少份水和食物？

• 假設倉庫裡要保持水和食物各 600 份，以便於下次救災，那麼我們還需要儲備多少食物和水？

【結論】這些問題環環相扣，將救災過程中的物品發放、儲備、調度都考慮進去，題目都是加減法，看似簡單但在實際應用中發揮了價值。

第四關

等食物和水的計算完畢，下面這一關就更考驗智力了。

老師又拿出了一張地圖（見下圖），左下角是即將開出的救援直升機，而 A、B、C、D、E 五個地方都是待救援的小鎮，左上角則是時間。

直升機每開出一格，時間就會減一點，要求必須在天黑之前將救災物資送到五個小鎮內，而直升機最多行走二十格就會天黑。此外，直升機只能朝東、南、西、北這四個方向直線行走。

這道題目非常考驗智力，嚴格上來說並不算數學領域，因為它將地理、程式設計和邏輯思維的概念都融合進去了。

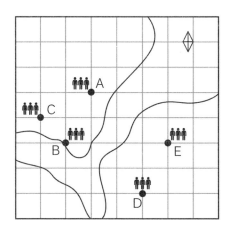

第一個難題是：孩子要學會看指南針的東、南、西、北，才能說出正確的行進路線。

例如我們要去 D，那麼定義的行動路線就是，東—東—東—東

（往東開四格，然後把救災物品放下）

第二個難題是：要尋找最短路線。例如同樣是把五個點走一遍，如果我們走的路線是 D-E-B-C-A，需要十六步，而如果走的是 D-E-B-A-C，就需要十七步。而對於救災來說，時間就是生命，我們自然需要找最短的路徑。

其實路線不止一條，可以讓孩子設計他們的最佳路線。憨憨跟我想的就不一樣，但我們走的最短路線一樣都是十六步。

第五關

等這一關過了後，最考驗智力的在最後一關。

老師說，在真實救災中，我們都是給災民發放一個個包裹，每個包裹都有十二瓶水，因為這種方式容易打包、便於管理。

假設 A 地需要一百零一瓶水，那麼實際投放的水是多少瓶呢？比預期多了幾瓶呢？而在左圖中 B、C、D、E 又是如何的情況呢？

【結論】

這題需要孩子估算一個大致的範圍，在美國數學教材中，數數（Counting）是一個很重要的概念，從幼稚園到三四年級都要學。

打個比方，孩子要學習從零數到一百，最簡單的是一個接一個往上加，複雜一點就是每隔二數一個數，然後隔五數，隔十數……

這道題目就是每隔十二加一次，看看最後送到的包裹裡到底有幾瓶水。因為這個年齡的孩子還沒有整除、餘數的概念，所以只能透過數數這個方法來解決了。

等這五關都通過了，項目也算完成了。最後老師還不忘提及安全教育，讓小朋友上網學習一下地震發生後的自救本領。

憨爸分享

　　作為一名理工男，我覺得這個救災項目非常棒，因為這種出題思路不是死記硬背，不是題海戰術，而是用一個生活案例，讓孩子們真實地扮演一回救災者的角色，透過這個過程訓練了孩子的組織調度能力，懂得數學的重要性，以及在生活中如何合理地應用數學。這不光訓練了計算能力，還增強了社會、科學知識，一舉多得。我始終堅信，數學源自生活，而生活能更好地幫助理解數學。

平移、對折、旋轉，
美國孩子必學概念

　　有一次我們去西雅圖度假，在海邊看到一棟小房子，透過玻璃發現門裡掛了一個牌子，寫著「OPEN」。我就問憨憨：「你覺得這個小屋子是開著的呢，還是關著的呢？」「當然是開著啦，」話還沒說完，他突然笑起來，「不！它是關著的！」

　　這問題很容易讓孩子掉到陷阱裡吧，因為商店的牌子都是一面「OPEN」一面「CLOSE」。如果你看到屋內那一面是「OPEN」的話，那掛出去的那一面就會是「CLOSE」了。這就是美國數學中平移（Slide）、對折（Flip）和旋轉（Turn）概念的實際應用。

什麼是平移、對折和旋轉

　　「平移」是指一個物體原封不動地從一個位置移到另外一個位置。「對折」分為直線對折和垂直對折，而「旋轉」則分為順時針旋轉和逆時針旋轉。

📦 為什麼要學平移、對折和旋轉

平移、對折和旋轉這個知識在美國數學中很重要。小學一至二年級的時候，會專門教平移、對折和旋轉。智商測試中，也能看到它的身影。當然，奧林匹克數學競賽就更不用說了。

因為這個概念太重要了，所以美國人特別以這個專題出版繪本，My Path to Math 系列的繪本都是結合生活中的實例說明各種數學知識。在生活中也能經常發現平移、對折和旋轉的例子，例如照鏡子。此外科學也離不開這一概念，例如光的反射，很多世界名畫例如達文西的《維特魯威人》都能看到平移、對折和旋轉的身影。

📦 怎麼學平移、對折和旋轉

美國老師喜歡用圖文方式來教數學，例如憨憨的老師就經常發類似右圖的作業給學生。

學對折：

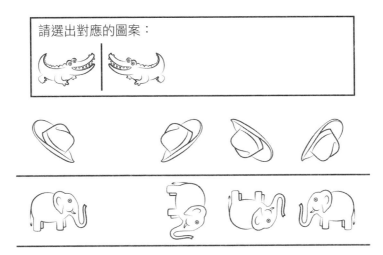

學旋轉：

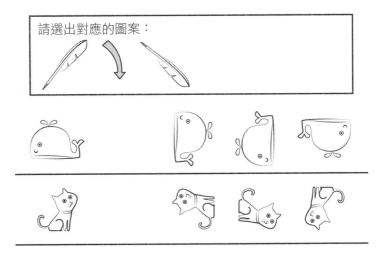

用撲克牌玩轉數學啟蒙

如何讓孩子從枯燥的數字中找到樂趣，是每個家長都在思索的課題，這裡分享一個我跟憨憨玩撲克牌學數學的方法。

這套方法的主旨是訓練孩子的加減法以及心算能力，適合三歲以上的孩子，難度可由父母自由調整，多玩幾次後孩子的加減法心算能力絕對會有明顯的進步。下面以一個簡單案例來介紹遊戲過程。

遊戲過程

遊戲人數為二人，每人分到三張牌，分別是 1、2、3，遊戲贏點是 6。每人每次出一張牌，統計雙方已出牌的數字總和，如果哪一方出的牌使總和正好等於 6，那麼該方獲勝；而如果哪一方出的牌使總和超過 6，那麼該方失敗。遊戲的目的是盡可能地讓自己在本輪出牌中達到贏點 6，而不讓對方的出牌達到贏點。

例一：有 A 和 B 兩個人在比賽，假設 A 首先出 2，接著 B 出 1，那麼下面輪到 A 出的時候，A 出 3，結果總和是 6，A 獲勝。

例二：有 A 和 B 兩個人在比賽，假設 A 首先出 1，接著 B 出 1，然後 A 出 2，最後 B 出 2，那麼總和是 6，B 獲勝。

例三：有 A 和 B 兩個人在比賽，假設 A 首先出 2，接著 B 出 2，然後 A 出 3，因為總和是 7，超過 6 了，所以 A 失敗，而 B 獲勝。是不是很簡單呢？其實這裡是有訣竅的，在玩的過程中，一是我們自己出的數字正好使總和達到贏點 6；二是讓對方沒有選擇，出的數字只能超過贏點 6。

領悟到第一點的孩子說明已經掌握了 6 以內的加減法，而領悟到第二點的孩子，說明是更上一層樓的「小神童」了。

還是用上面的例子，有 A 和 B 兩個人在比賽，假設 A 首先出 1，B 也出 1，那麼離贏點最後剩的數字是 4，要知道 A 最大的數字是 3，下一輪 A 出牌，無論如何也不可能達到 4，但是如果 A 隨便出一個數字，則會讓剩餘的數字少於 4，進而讓 B 獲勝。

要注意，因為 B 已經出過 1 了，所以他的手中並沒有 1，因此如果 A 出 3 的話，那麼現在的總和是 5，而 B 必須出 1 才能贏，可是 B 有 1 嗎？沒有，他只能出 2 或者 3，進而讓總和超過 6 而失敗。

在這個遊戲過程中，我們需要循序漸進地逐漸引導孩子運用加減法來解決問題，並取得最後的勝利。

撲克牌思維訓練

❶ 學習用加法來計算當前數字總和。如果孩子的心算還不熟練，可以讓他把數字寫在紙上，在紙上運算加法，之後再慢慢往心算前進。

❷ 學習用減法來計算還差多少數字到達終點。
❸ 觀察別人出過的數字,計算該出什麼數字才能不讓他贏。

🎲 遊戲難度

遊戲難度可以由父母自由調整,難度分為兩類。

第一類是數字:父母可以指定比賽的贏點是多少,例如我跟憨憨玩的是贏點 24,也就是說每個人拿 12 張牌,牌的數字是 1～12,最後看誰先加到 24 就算誰贏。你也可以選擇任意數字來作為贏點。

第二類是人數:遊戲可以二個人玩,也可以增加難度三個人玩。遊戲規則不變,但是因為人數增多,裡面的數字也會變多,計算量會增大,同時要考慮的情況也更加複雜。例如三個人的話,每個人十二張牌,那麼我們可以設置贏點為 36,這樣的比賽更刺激。

遊戲過程中父母可以適當讓著孩子,讓他們試著用不同的數字組合達到贏點;父母也需要引導孩子出安全牌,不讓父母贏。當然,當孩子每打出一張好牌時,父母也需要故作震驚和崇拜的樣子,並且稱讚孩子:「哇,這張牌出得太厲害了!我該怎麼辦呢?」這時孩子一定會在旁邊得意地偷笑的。至於表情的誇張程度,就看爸爸媽媽們的演技啦!

用魔術方塊進行
數學啟蒙的秘密

　　魔術方塊不僅能幫助孩子的智力開發，而且還有很多神奇的教學功能，接著我們就來聊聊如何用魔術方塊來啟蒙孩子的數學。

幾歲開始玩魔術方塊

　　玩魔術方塊能鍛鍊孩子的思維能力和空間想像力。在美國，很多媽媽從寶寶三個月開始就讓他們玩魔術方塊了，她們的「魔鬼訓練」是這樣的：

　　買一個三階的魔術方塊，撕掉上面所有的顏色貼紙，只保留二張白色的貼紙，目的是讓孩子能將這兩個白色的方塊連接起來。如果孩子搞定白色方塊，那麼就陸續增加顏色貼紙來增加難度，最後是把五十四張貼紙全部貼上。按照這樣的訓練方式，四歲之前，孩子就可以輕鬆玩轉魔術方塊了。

　　我們常見的魔術方塊是三階的，二階魔術方塊是所有魔術方塊裡最簡單的，建議孩子入門從二階開始，二階的玩法和三階有很多相同

之處，只不過會相對簡單一些，孩子也更容易有成就感。當然如果不努力的話，這個成就感也是很難得到的。

如何和孩子一起玩魔術方塊

玩魔術方塊有哪些訣竅呢？以二階魔術方塊為例，簡單來說分成三關：

第一關：把魔術方塊頂部顏色對齊。

第二關：把魔術方塊底部顏色對齊。

第三關：調整魔術方塊側面的順序。

每一關都包含很多小步驟，我們可以帶著孩子慢慢玩，每過一關就跟孩子慶祝一下，激發他挑戰下一關的鬥志。

數學啟蒙的神器

如果只把魔術方塊當做一個玩具那就太可惜了，美國有些教育機構早已將魔術方塊當作平日的教具，為小朋友說明枯燥的數學知識。美國共同核心課程標準（Common Core）裡定義了各個年級的學生在學校裡需要掌握的內容，而魔術方塊作為一款教具，從幼稚園到小學四五年級都能發揮不小的作用。

數數

　　讓孩子數魔術方塊有幾個面，每個面上有幾種顏色，有幾個方塊。想要增加難度，可以問孩子魔術方塊一共由幾個方塊組成，一共有幾種顏色。這個數數的方式簡單直接，適合一歲以上的孩子。

加減法

　　用魔術方塊來練習加減法真是再適合不過了，例如這個面有二個白色方塊，我們轉動一下，多出了二個白色方塊，那麼現在總共有幾個白色方塊呢？

　　或者，這個面有九個紅色方塊，我們轉動一下，有三個紅色方塊消失了，那麼還剩下幾個呢？如果孩子能理解簡單的加法，那麼我們可以再複雜一點連續轉二次，甚至三次，讓他算算最後的總數是多少。這就是簡單的加減法練習了，適合三歲以上的孩子。

測量

　　測量魔術方塊的長度、寬度、高度分別是多少，測量每個格子的長、寬、高各是多少。簡單一點，可以用格子為單位；如果想複雜一點，讓寶寶學會用尺來測量，這就是測量訓練，適合四歲以上的孩子。

幾何

　　跟孩子說明 3D 和 2D 的概念，用魔術方塊來演示什麼是上面、下面、左邊、右邊、前面、後面。增加一點難度，可以用魔術方塊來演示什麼是平面對角線，什麼是立體對角線。還可以教孩子垂直與水平線的概念。

　　再難一點可以問孩子，如果某個面順時針旋轉 90 度，那麼這個方塊會跑到什麼位置呢？如果逆時針旋轉 90 度又會如何呢？如果旋轉 180 度呢？旋轉 270 度呢？發揮想像力，也可以融入更多幾何知識，適合二歲以上的孩子。

乘除法

　　魔術方塊有三層，每層有二個紅色方塊，那麼總共有幾個紅色方塊呢？這就是 3×2。如果我們轉動一下，變成兩層，每層三個紅色方塊，那麼共有幾個紅色方塊啊？這就是 2×3。

　　每個方塊是兩釐米，每層有三個方塊，那麼每層有多長呢？

　　再難一點兒，如果長是三個方塊，寬是 3 個方塊，高是三個方塊，那麼堆起來，總共是幾個方塊呢？透過類似的方法可以教孩子乘除法的概念，適合七歲以上的孩子。

❶ 孩子們非常喜歡色彩鮮豔的魔術方塊，拿到手後肯定會興奮地把玩，但如果玩了很久都學不會，就會扔在一邊放棄了，透過魔術方塊能讓孩子學到什麼樣的知識，父母的引導非常重要。

❷ 父母要先熟悉如何玩魔術方塊，然後才能教孩子。這裡透露一個小秘密，當孩子在屢次嘗試都無果的情況下，將魔術方塊交到你手裡，父母輕鬆瞬間將魔術方塊還原，會瞬間變成孩子眼中的英雄呢。

❸ 在玩魔術方塊的過程中，如果一直無法歸位，孩子會很容易產生挫敗感。例如憨憨從開始玩的時候正襟危坐到後面的四腳朝天，這時候就需要耐心、耐心再耐心，當孩子經過不懈努力終於搞定的時候，那份驚喜和興奮是無法用言語來描述的。

用 QR-code 激發孩子的學習興趣

　　美國最紅的學校 AltSchool 裡有一位老師，某天突發奇想，竟然用 QR-code（行動條碼）進行教學，沒想到效果居然非常好。生活中到處都能看見行動條碼的出現，AltSchool 的老師巧妙地將生活中司空見慣的行動條碼融入教學中，不但能激發孩子的探索欲，還大大增加了他們的學習興趣。

　　於是我花了兩個晚上研究它，終於小有心得。其實用行動條碼教學可不是 AltSchool 的專利，美國早就有不少天才老師想了各種各樣稀奇古怪的點子，把行動條碼應用在課堂的遊戲裡。

用行動條碼玩數學

　　我在家也製作了一堆行動條碼卡片，然後抽出其中一張，憨憨看到的第一個反應是一頭霧水，這是什麼東西啊？我打開微信裡的「掃一掃」讓他掃一下，沒想到很快跳出來一道題目：

Find the sum of 3+7

這不就是一道數學計算嗎？憨憨很興奮的算出了結果，然後就找到答案「10」對應的行動條碼，接著再掃一下行動條碼。這回掃出來的題目是：

6 − 1 = ？

憨憨興奮的繼續算，得出答案「5」後，緊接著再找「5」對應的行動條碼。按照這樣的流程繼續計算下去，就能到達最終的目標：找到終極行動條碼了，它掃出來的結果就是：

You Are all done! Great job ！

此時，這個數學遊戲全部結束，大功告成，你過關啦！用這種方式將數學題融入趣味遊戲中，孩子可以一邊探索一邊解題，很多玩過此遊戲的孩子紛紛表示從來沒有這麼喜歡過數學。

用行動條碼學認識時間

教孩子看時鐘可不是一件容易的事情，因為有點複雜，所以孩子很容易就失去興趣，父母也因此喪失耐心。但如果把認識時鐘的學習融入行動條碼遊戲裡呢？

掃一下第一個行動條碼，手機裡很快就跳出來一張時鐘圖片，如果答對後，再掃下一個行動條碼，一個個掃過去後，很快孩子就對時鐘瞭若指掌了。其實學習內容和課本並無差異，但由於學習過程增加了揭秘的趣味性，因此孩子們就會興致勃勃。

用行動條碼學英文單字

用行動條碼學英文單字也是一個很不錯的主意。題目左邊是一幅圖，要求孩子寫出這幅圖對應的單字，而右邊的行動條碼就藏有答案。記得我平時考憨憨默寫單字的時候，有時他忘記單字就想翻書偷看答案，用這個方法就能控制作弊行為了。

用行動條碼學英文會話

父母念完一個故事或孩子讀完一本書後，我們需要鼓勵孩子說出對這個故事的看法，一來訓練口語表達，二來也是加深對書本的理解。可是有些孩子不願意說怎麼辦？那就試試行動條碼吧！

我們可以 DIY 一個行動條碼的骰子，骰子的每一面都有一個行動條碼，每個行動條碼對應不同的題，例如：

「What did you do well?」

「What helps you to lean? Why ？」

……

每個人扔出骰子後，掃一下行動條碼，然後就得回答相應的問題。在這種方式的刺激下，不管再怎麼樣皮的小孩，也都會搶著扔骰子回答問題了！如果父母陪著孩子玩這個骰子，孩子會非常興奮，語言潛能彷彿瞬間爆發。

看了這麼多，你也想試試為孩子做行動條碼了，對不對？下面我教你一個簡單的方法快速製作行動條碼。我們需要先把題目準備好，然後用行動條碼生成器生成一個行動條碼。如果掃描這個行動條碼，看到的文字就是你事先準備的題了。

憨爸
分享

行動條碼既好玩又具教學意義，那麼要如何製作行動條碼呢？大家可以在網路上搜尋「行動條碼產生器」，只要輸入你想融入行動條碼中的內容，再按確定就可以了。

數學啟蒙
要重視邏輯規律的訓練

　　我在輔導其他孩子數學時發現了一個很有意思的問題，當時我出了一道題目：$1+3+5+7+\cdots\cdots+49=？$

　　這道題目目本身是考驗孩子是否會用高斯演算法來簡化題目的難度。但是還沒等我講到高斯演算法，其中有個二年級的孩子表示對省略號不理解。我告訴他，這是一個有規律的數字序列，從 1 一直加到 49，前幾個是 1，3，5，7，然後 7 之後是 9，9 後面是 11。可是緊接著，那個孩子問我：「那 11 後面呢？」

　　我一時有點語塞，一般六至七歲的孩子應該對數字規律都有基本的理解，但是可能因為那個孩子的父母平時較少引導數學的概念，於是影響了他對題目的理解。

　　在數學啟蒙中有一個概念叫作「規律」，這個規律可以是圖形，可以是數字，也可以是顏色，總之有很多變化。憨憨小時候，我就開始訓練他邏輯規律方面的思維，當時沒想那麼多，只是覺得這不但可以培養他的邏輯能力，而且他也很有興趣。但是等憨憨到了二三年級，我就發現這種邏輯規律的題目在他們的數學課繁頻出現，直接決定了孩子數學成績的好壞。很慶幸我常常讓他練習思維訓練，所以現

在每次說明數學題時都比較輕鬆，稍微提點一下他就明白了。

　　例如有一天跟憨憨看「可汗學院」，講到數字規律那個章節時，就看到這樣一道火柴棒題，說用六根火柴棒可以搭一座房子（見下圖）。

　　如果在旁邊再搭一座房子（見下圖）呢？因為有一根火柴棒可以共用，所以只需要十一根就好。

　　按這種規律下去，如果搭四座房子（見下圖），那麼就需要二十一根火柴棒。

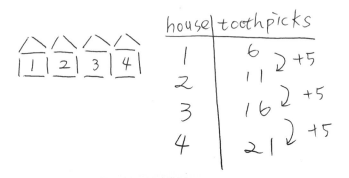

題目是：如果搭十座房子，需要多少火柴棒？

這是一道數字規律題，雖然題目都是以火柴棒的圖片來展示，但需要孩子將圖片轉化成數字，然後找出數字的規律。如果孩子沒有很好的邏輯思維能力，做起來肯定很吃力，你為他說明起來也會覺得很抓狂。所以說，小時候如果不注重培養孩子的邏輯能力，那麼孩子將來在學習上也會特別辛苦。

如何培養邏輯能力

培養孩子的邏輯能力是一個漫長的過程，需要從小到大不斷訓練，根據我輔導憨憨的經驗，我認為，數字規律的訓練基本上都是從下列幾種形式延伸。圖形訓練這種題目是用圖形、顏色的方式來表達規律。根據下圖的左邊圖形，從右邊三組圖中選擇出正確表達圖形規律的一組。

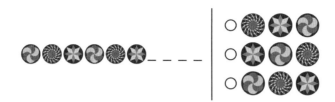

　　上面是入門級題目，如果孩子覺得沒有難度的話，就可以進階到找出擁有相同邏輯規律的圖形。這樣題目就不是簡單的相同圖形了，而是要將規律變抽象。

　　再困難一點就是下面這種題目，需要將圖形規律用數字表示出來，例如下面的圖形，用 1/2 或者 A/B 來表達圖形規律。將下面的圖形分別用字母「A」和「B」或「1」和「2」表示在下面空白框內。

　　圖形規律訓練比較適合五歲以下的孩子，因為這個階段的孩子對數字還不熟悉，用圖形來引導最適合。很多智商測試題就是這種圖形規律的題目，這是有科學依據的，因為掌握圖形規律後，升級到數字規律才會更得心應手。

數字訓練

這種訓練一般都是用加減乘除來表示數字的規律，我經常趁憨憨沒事的時候，寫一串數字，讓他找規律。例如下面這類題目就是每兩個數字之間間隔一個固定的數字。

（1）48，46，44，42，40，38，36，＿＿＿＿

（2）26，35，44，53，62，71，80，＿＿＿＿

第一道題每兩個數字間隔（－2），第二道題每兩個數字間隔（＋9），做這種題目不但能鍛鍊孩子的邏輯能力，而且也能鍛鍊他的加減法計算能力。

後來這種固定數字間隔的題目難不倒他了，我就開始加深難度，每兩個數字之間的間隔數不一樣，而且數字的規律出現在間隔數之間。請看下面這個例子：

3，7，12，18，25，33，42，＿＿＿＿

這個題目的數字規律其實是：＋4，＋5，＋6，＋7……因此題目數字本身沒有規律，但是這規律卻存在於兩兩數字間隔之中。再例如下面這個題目：

95，93，89，83，75，65，53，＿＿＿＿

這個題目的數字規律是：－2，－4，－6，－8，－10……跟上面是一樣的規律，只不過數字是遞減的。還有一種題目難度更大一些，也是間隔數字的規律：

56，54，61，59，66，64，71，＿＿＿

這個題目的規律是：－2，＋7，－2，＋7，－2，＋7……

因此它們的間隔規律是－2／＋7的組合。

數字規律的訓練適合五歲以後的孩子進行，很多奧林匹克數學競賽題目都是基於這種數字規律的變化。

憨爸
分享

　　我整理了一些邏輯規律的練習題，你可以在公眾號「憨爸在美國」的對話方塊搜尋「規律」，就能得到下載連結。五歲以下的孩子適合用圖形來培養邏輯能力，五歲以後更適合直接用數字來了解規律，而且這種能力也需要大量練習。為了以後學習更輕鬆，建議父母們平時要讓孩子多做訓練。

希望孩子學好數學，
一定要培養建模能力

輔導憨憨數學時我有很多感觸，如果想學好數學，並不是計算算得快、習題做得多就能達到的。有些基本技能需要從小練起，否則等孩子長大教導上會比較吃力。以下是憨憨三年級時做的一道題目：

Andrew 和 Kevin 一共有 350 元，當 Andrew 花了 60 元，並且 Kevin 花了 30 元後，他倆的錢一樣多，請問這兩個男孩原本各有多少錢？

憨媽一看到這個題目，第一個反應就是用公式計算，假設 Andrew 的錢是 x，Kevin 的錢是 y，列兩個方程式就解出來了。但是我對她說：「三年級的小孩還沒學到 xy 公式呢。」於是她沉默了。正確的解題方法如下：

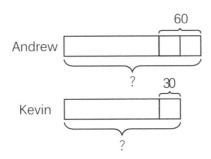

350-60-30=260

2u → 260

1u → 260 ÷ 2 =130

130+130=260

130+60=190

答案：Andrew 一開始有 190 元，Kevin 一開始有 160 元。

這裡需要孩子學會如何建立模型，俗稱「建模」。「建模」這個詞乍聽起來很困難，我們大學時組織參加國際數學競賽，就會考學生建模能力。其實建模能力不僅僅對高等數學很重要，對於數學入門也非常關鍵。像我上面舉的這個例子，如果孩子不會建模，他理解起來就會非常困難。

🔲 什麼是建模

建模的中心思想就是將一個問題用圖表的形式展現出來，最後用數學方法解答。所以它需要兩個最基本的技能，第一個是畫圖，第二個則是計算。

先說畫圖，畫圖一般就是畫一個長方形的格子來代表題目中的某些條件。例如下面這道題目：

3A 班和 3B 班一共有 200 本書，3A 班的書是 3B 班的 4 倍，那麼 3A 班和 3B 班各有多少書？

於是孩子就需要能畫出下面的圖來，3A 班的長方形和 3B 班的長

方形分別對應他們所擁有的書的數量。

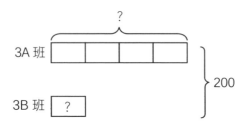

　　畫圖是非常需要技巧的，它要求孩子儘量做到長方形的長度和題目描述的意思吻合。就這道題目而言，3A 班的長度儘量畫成 3B 班長度的 4 倍，這點很重要，因為它能幫助孩子理解並進行下一步計算。憨憨剛開始解題的時候，這個長度畫得就很不準，結果圖畫出來後，沒有幫助理解，反而讓他更迷糊了。

　　其次就是計算，如果圖畫得好，那麼計算便輕而易舉。

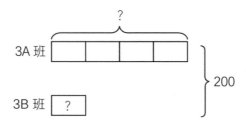

　　　5u → 200

　　　1u → 200 ÷ 5 =40

　　　4u → 4 × 40 =160

　　　答案：3A 班有 160 本書，3B 班有 40 本書。

　　例如上面這道題目，因為有圖表的基礎，所以可以將 200 分成 5

等份，進而計算出每個單元的數量。

　　由此可見，建模能力是學好數學的關鍵。以我的經驗，用建模的方式教數學，不僅能大大增強孩子的理解力，而且能加快他的解題速度。因為這個知識並不高深，只要孩子會數數、會計算就可以學，而且非常有效。

如何學習建模

　　建模是一套非常完善的教學方法，在新加坡數學教學裡很常使用，後來在美國也開始流行起來。前面說過，如果孩子能將題目用模型的方式建立起來，便能幫助孩子理解。下面我們來看透過建模怎麼入門學數學。

用建模方法學加法

　　兩個數相加，可以抽象畫成兩個長方形，例如下面這個例子，但是注意 3 所代表的長方形要比 4 的長方形短。

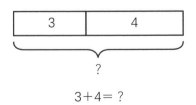

$$3+4=?$$

也可以畫成這樣：

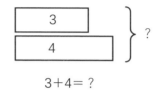

3＋4＝？

用建模方法學減法

如果是減法，可以畫成下面這樣的圖：

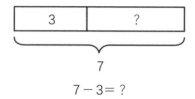

7－3＝？

也可以這樣：

7－3＝？

用建模方法學乘法

乘法用建模的方法可以這樣表示，例如 3×8：

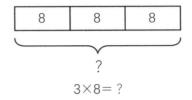

$$3 \times 8 = ?$$

用建模方法學除法

除法用建模的方法可以這樣表示，例如 $24 \div 3$：

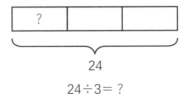

$$24 \div 3 = ?$$

用建模方法做數字比較

例如表示比 17 多 4 的數字，可以畫成下面的樣子：

用建模方法學分數

如果用建模方法學習分數，可以畫成下面的樣子：

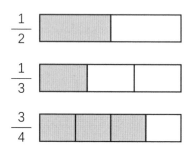

用建模方法學百分比

百分比的表示方法，可以畫成下面的樣子：

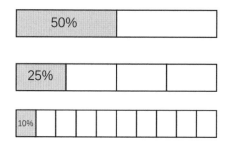

　　以上都是建模最基本的技巧，就我輔導憨憨的心得來看，這麼做有兩個好處：

- 用建模方式教孩子數學會更容易理解。
- 孩子如果掌握建模方式，能幫助他理解題意，更快得到答案。

如果你對如何教孩子建模感興趣，這裡推薦一個非常好的
資源，是新加坡針對建模這個主題開發的數學學習網站，
裡面涵蓋了如何用建模的方式學習數學的各個知識，我有
很多靈感也是來自於此。

你在公眾號「憨爸在美國」的對話方塊裡搜尋「建模」，就
可以得到學習網站的網址。如果你希望孩子能輕鬆學數
學，建議父母們好好訓練孩子的建模能力。

陪孩子玩數獨，
訓練高度專注力

　　數獨最早出現在十八世紀的瑞士，後來流傳到美國，在美國一直乏人問津，之後流傳到日本後卻大放異彩。一九九七年英國《泰晤士報》報導了數獨這個遊戲，沒想到瞬間風靡了整個英格蘭，最後又風靡歐洲和美國，大人和小孩都為之沉迷，很多學校也用它來對孩子進行腦力訓練。

　　傳統的數獨是一種運用紙、筆進行演算的邏輯遊戲。玩家需要根據 9×9 盤面上的已知數字，推理出所有剩餘空格的數字，並滿足每一行、每一列、每一個粗線宮內的數字均含 1～9，不重複。

　　可千萬別小看了這幾個數字，難起來那也是相當燒腦。根據統計，一個 9×9 的盤面，就有高達 6、670、903、752、021、072、936、960 種組合。

玩數獨的好處

提高孩子的邏輯思維能力

　　現在很多家長注重孩子的學科教學，但忽視了邏輯思維和因果推

理能力的培養。很多時候孩子是被動地接受結果，卻缺乏讓他們探索這個結果為什麼會產生的過程。數獨剛好能幫助孩子訓練邏輯思維能力、因果推理能力，這在孩子的早期教育中非常重要。

教孩子如何做決定

數獨能讓孩子在已有的線索下快速做決定，有人曾採訪一群玩數獨的孩子，問他們為什麼會癡迷數獨。他們說，因為玩數獨的時候自己能獨立掌控全局，每一個決定很快就能看到答案，只要思維縝密、邏輯合理，就能得到正確的結果。

幫助孩子訓練大腦

大腦就像身體一樣，需要不斷地訓練，只有經過訓練才能變得更加聰明。而數獨能訓練孩子的大腦。

能讓大腦更活躍

很多家長都擔心孩子沉迷電視，數獨能把孩子從螢幕前拉回來，和孩子玩數獨，親子娛樂的同時還能充分啟發大腦，兩全其美。

訓練專注力

數獨要求專注細節，包括觀察規律、留意機會、找到合適時機。它能訓練孩子的條理性和系統思維的能力。無論是學習還是工作，都需要有一個專注細節、思維清晰、有條理的大腦。

怎麼玩數獨

數獨的基本款有 4×4、6×6 和 9×9 幾種，當然還有很多變化。

4×4

對於幼兒來說，4×4 就足夠燒腦了。4×4 的數獨的原則是，1～4 這 4 個數字在每一行、每一列和每一個粗線宮中都只出現一次。

例如下面這一題：

2	3	1	
3		2	

最後答案是：

4	1	3	2
2	3	1	4
1	2	4	3
3	4	2	1

6×6

如果 4×4 難不倒孩子，那麼就試試挑戰更高難度的 6×6 吧！

例如下面這一題：

5		1	6	3	
	4		5		
1			2	4	
	6		3		
3		6	4		

最後答案是：

5	2	1	6	3	4
6	4	3	5	1	2
1	3	5	2	4	6
2	6	4	3	5	1
4	5	2	1	6	3
3	1	6	4	2	5

9x9

如果連 6×6 都能輕鬆搞定，那麼試試終極難度的 9×9 了！
例如下面這一題：

			4			7	8	
	2	7	8		1			4
4		8			1	6		
				6	2	9		1
		5	1		4		8	
8	2	1	9	7		4	3	
1			3		9			7
2					7	3		
	4	7	6	5	8	2	1	9

最後答案是：

9	1	3	2	4	6	5	7	8
5	6	2	7	8	3	1	9	4
4	7	8	5	9	1	6	2	3
7	3	4	8	6	2	9	5	1
6	9	5	1	3	4	7	8	2
8	2	1	9	7	5	4	3	6
1	5	6	3	2	9	8	4	7
2	8	9	4	1	7	3	6	5
3	4	7	6	5	8	2	1	9

憨爸分享

我整理了一整套 4×4、6×6 和 9×9 的數獨訓練題，只要在公眾號「憨爸在美國」的對話方塊裡搜尋「數獨」就能取得這些題目。

英文啟蒙，
在家建立英文語境

將英文學習融入孩子喜歡的一些小遊戲，就能自然而然的為孩子建立英語環境，家長不用擔心自己的英文不好會影響孩子的英文學習，只要家長付出時間與孩子一同學習，就能讓孩子擁有優秀的英文能力。

父母英文不標準
也可以教孩子嗎

不少家長都會問我:「我的英文發音不標準,要怎麼教孩子?」其實,要來美國之前我也有和大家相同的煩惱,以下根據我在美國工作及生活的經歷,來談談對這個問題的看法。

美國充斥著世界各地口音

美國是個移民國家,移民人口多,來自世界各地的口音自然也多。雖然大家在這裡都說英文,但是發音難免都會帶有自己國家的特有口音。

以我所在的部門為例,部門內有美國人、英國人、中國人、印度人、伊朗人、越南人、印尼人、羅馬尼亞人、芬蘭人、義大利人。每次開會,就是各種口音大融合。從進公司的第一天起,我就要隨時豎起耳朵,生怕漏聽了一個音節而影響我揣摩對方的意思。後來才想明白,其實說英文有口音也沒關係,因為每個人都會有口音。

口音不影響生活和工作

那麼有口音會不會被別人歧視呢？職場上會不會因此而遭遇瓶頸呢？就我所處的環境和工作經歷來看，有口音並不會帶來這些影響。如果論口音，印度人的英文口音在全世界可是數一數二的，但是這並不妨礙印度人在美國職場上叱吒風雲。在美國這個多元化的國家裡，英文口音並不重要，就算有口音，只要能力好，一樣可以在職場上取得很大的成就。

相比口音，說清楚最關鍵

美國著名語言學家《Speak Like Yourself》一書的作者 Jezra Kaye 曾說過一個故事：有一個法國人向她求助，說覺得自己說英文時口音太重了，說出來很不好意思，問她怎麼辦。Jezra 聽了之後，告訴他兩點：「一是你的英文很流利，二是有口音沒關係，因為我可以理解你說的每個字。」所以，她的觀點是，不管有沒有口音，關鍵是讓別人能夠理解你的意思。

能說和說的話能被他人理解，是說英文最重要的兩個因素。但很多人有個誤解，認為自己英文說得不好是因為被口音阻礙。其實正好相反，Jezra 認為，90%說得不好的人是因為說話習慣導致自己的話難以讓別人聽懂。說話壞習慣包括：

• 說話太快。

- 吐字含糊。
- 語言組織能力差。
- 說話不連貫。
- 說話沒有重點，不知所云。
- 還沒有給聽眾留下反應和消化的時間，就直奔下一個主題。

值得注意的是，這裡的壞習慣都與口音無關。那麼如何讓自己的口語表達更清晰呢？Jezra 提出了六點建議，分別是：

- 在每個主題切換的時候，需要放緩語速。
- 輔音要發音清晰。
- 說話的時候要張開嘴。
- 對於重要詞語，要加重語氣。
- 給聽眾留足反應的時間。
- 和聽眾保持互動，問問他們的意見，如果他們沒聽懂，可以再重複一遍。

所以在訓練憨憨說英文的時候，我們更注意他能否把自己想說的意思完整表達出來，並且讓別人充分理解，這比他是英式發音或美式發音更加重要。

孩子英文發音不標準
怎麼辦

有一次，我打電話請電信公司安裝家裡的網路，接電話的是一位講話有墨西哥英文口音的男子。我說「賊肉」，對方表示不解。我吞了吞口水，繼續說「賊肉」。對方還是不解。反覆說了幾次「賊肉」之後我怒了，直接跟他說：「It's a number starting before number one. It's not positive or negative. Understand?」（這是 1 前面的數字，它既不是正數也不是負數，你明白了嗎？）

接著安靜了幾秒鐘，對方傳來幽幽的聲音：「Zero？」（是數字零嗎？）

「Yes」我終於鬆了口氣。

這件事讓我深深地為自己的英文發音感到悲哀，誰叫自己的英文發音不標準呢。

為什麼會有口音

發音是將空氣從肺部推向喉嚨和聲帶，透過嘴巴，經過舌頭、牙齒和嘴唇，最後傳遞出去。當我們需要改變發音的時候，大部分時間

我們會運用嘴巴的肌肉、舌頭和嘴唇去控制嘴型及空氣的流動。如果我們可以正確地控制嘴型和空氣的流動，那麼發音將會很標準。

問題是用中文說話和用英文說話時的嘴部肌肉動作是有很大區別的。當我們習慣用同一種語言的時候，嘴部肌肉已經適應這種語言，而突然說另外一種語言時就會因為嘴部肌肉的不適應而產生口音。

對我來說，我最大的問題是我平時說話速度比較快，而說英文的時候，腦子還是停留在講中文的節奏，因此嘴也不由自主地跟著快了起來。可是，因為本來發音就不是很標準，嘴型也不是很對，為了追求說話速度，嘴型就更不到位了，因此常常造成發音不標準。所以我的美國老闆總勸我：「別急別急，慢慢說、慢慢說。」

於是我慢慢領悟到，說英文千萬不要追求速度，保持一個標準的嘴型是非常重要的。

發音不標準怎麼辦

有一次我到朋友家做客，他上高中的女兒參加過史丹佛大學舉辦的少年辯論賽，口才相當的好，發音非常標準。我很納悶，他也是一位中國移民，英文雖然流利，但是發音也比我好不到哪裡去，為什麼他的女兒英文說得如此標準呢？

朋友跟我說小孩的語言天賦很高，只要在他們開始說英文的時候嘴型標準，這樣就不用擔心他們的發音了。從朋友那裡我學到了幾個培養孩子正確發音的小祕訣。

嘴型遊戲

有一個很好玩的嘴型遊戲是猜單字。玩法是對著孩子念一個單字，但是不要發出聲音，讓孩子根據嘴型猜測是什麼單字。

這個遊戲在語言培訓機構經常會用到，它能讓孩子專注觀察嘴型，並透過嘴型來猜測不同的發音。因為孩子擁有超強的模仿能力，當他明白對方說的單字後，他也會跟著對方的嘴型一起來發音了。因為嘴型是發音的基礎，當有了正確的嘴型，離一口標準的發音也不遠了。

找相同韻腳的單字

這個遊戲是美國老師的最愛，上課的時候經常使用。首先老師會發給學生們一張練習紙，列出幾個單字，並讓學生們寫出韻腳相同的單字。例如 chair，孩子們可以寫 hair、wear、pear……

每種韻腳的發音嘴型都是一樣的，掌握好一種韻腳的發音，那麼也就學會了該韻腳的單字的發音，這就是自然拼讀法的方式。

繞口令

繞口令是中國人很喜歡的一種語言遊戲，其實美國人也有繞口令，他們稱為 Tongue Twisters。和孩子一起說繞口令既能訓練發音，又能增加樂趣。憨憨經常用在學校裡學到的繞口令向我挑戰，他每次看見我甘拜下風的表情就非常得意。下面是憨憨在學校學會的繞口令，他就是拿這個「秒殺」我的，特別是最後一句，我怎麼說都說不

過憨憨。

She sells sea shells on the sea shore.

A proper copper coffee pot.

Red lorry, yellow lorry, red lorry, yellow lorry.

A big black bug bit a big black bear.

英文繞口令對訓練發音的效果很明顯，因為繞口令的句子中每個單字的發音都有些相似，如果不能保持好的嘴型，就無法標準發音。因此為了能讀清楚整個句子，憨憨會一個字一個字的留意每個單字的發音，甚至對發音相近的詞，他會著重將某些發音加重語氣，就是為了和別的音區別，多念幾次繞口令，對他的發音確實幫助不小。

父母主動說英文，
就能讓孩子願意開口說

家長們經常問我：「孩子不願意開口說英文，怎麼辦？」孩子如果沒有英文基礎，不願意說也就算了；但是有些孩子英文基礎還不錯，辭彙量也不少，可是就是不願意說，這是怎麼回事呢？

遇到這種情況，很多父母會認為是環境的問題，因為沒有語言環境，所以孩子的會話能力無法提升，從前我也以為是語言環境的問題，後來從一個新移民到美國的朋友身上發現並非如此。朋友的兒子去了當地一所很好的學校，朋友覺得有了好的學校，有了好的語言環境，孩子的英文水準一定很快就能提升，於是她就沒有特別教導。可是上學一年多後，她發現孩子還是不愛說英文。

問起孩子為什麼不說英文時，孩子的回答是「我不愛說」，結果朋友發現孩子上學時，經常一個人活動，跟別的同學在一起時，也只是靜靜的不說話，語言障礙已經影響了孩子的社交。這個現象說明，孩子不愛開口說英文，不只是語言環境的問題。

為什麼孩子不愛開口說

聽得少

專業教育人士做了一項調查研究，他們統計了人們日常交流的時間，發現四十％～五十％的時間是在聽，二十五％～三十％的時間是在說，十一％～十六％的時間是在閱讀，只有九％的時間是在寫。

這個研究結果證明了「聽」在語言學習中的重要性，既然將近五十％的時間都是在聽，那麼孩子平時在學習英文過程中，是不是將五十％的時間花在了「聽」上？

關於說母語有一個規則叫作段落化規則（Segmentation Rules）。也就是說當我們聽別人說話時，大腦會將聽到的資訊分成一段一段地儲存在短期記憶中。所以我們對母語很好理解，也很容易進行語言的交互活動。

但外語則是另一番場景，我們沒有建立起這種段落化規則，每次聽別人說話後，大腦儲存的是文字，而不是圖像。這就是為什麼很多人在聽外語時需要額外轉化成自己能理解的母語的原因。我們在用語言回饋給別人的時候，也需要將文字從母語轉化成外語，這樣速度自然就會慢了一拍。

我們經常說學外語要磨耳朵，這個磨耳朵其實就是培養大腦的段落化規則。因此，如果聽得不夠多，自然就會影響口說。

父母不配合

在美國學校有一門課程叫作英文第二語言（English as Second Language），這門課程是專門為英文非母語的孩子準備的。如果在美國上學，孩子英文測試一旦未達標準，老師會推薦去參加英文第二語言課程的學習。而英文第二語言課程的老師針對孩子的語言學習對家長有三個重要的要求：

- 經常和老師保持溝通
- 父母是孩子的學習榜樣
- 經常陪孩子閱讀

尤其是第三點，很多家長做得並不夠。因為對中國家長來說有一個很大的困惑，有些父母會覺得自己發音不標準，不敢在孩子面前說英文，擔心會影響孩子的發音。因此他們會買一堆英文繪本給孩子，也會準備點讀筆之類的工具，他們認為：「我雖然英文說得不好，但是材料都幫你準備好了，你就能好好的讀！」

但是你會發現如果家長不跟孩子一起閱讀，孩子就會缺乏閱讀的樂趣，如果家長不跟孩子說英文，孩子是不會用英文跟你交流的。

父母干涉太多

這和前文相比是另外一個極端的問題，這個問題我是在憨憨學習中文時發現的，他現在經常在家說英文，我不時地提醒他：「說中文！說中文！」有時他語句不通順，我還會糾正他。

例如有一次他要表達「I got this book at last」時，將中文說成「我

拿到這本書，最後」，我就開始糾正他，應該是「我最後拿到這本書」。

因為這類糾正的話說得太多，小傢伙顯然有點洩氣，感覺受到了打擊，於是中文就說得更少了。這個問題說明了我們在孩子說第二語言的時候，不要太過苛責他們在學習中的錯誤，否則干涉太多，孩子就會喪失自信。

🔲 如何才能讓孩子開口說

為了讓孩子多說英文，我總結的二個重點就是多聽、多互動。多聽指的是多聽英文童謠，多聽英文卡通，多聽父母、老師、朋友說英文。多互動指的是多和孩子用英文互動，這裡提供一些小技巧給大家參考：

選擇互動式卡通

《愛探險的 Dora》是很推薦的互動式卡通，這部卡通的互動性非常好，通常劇情進行到某個階段的時候，Dora 會停下來問小朋友一個問題，然後中間會停留十秒時間，讓孩子回答問題，這樣孩子就會在卡通人物的引導下慢慢開始說英文了。我們一開始也是用這部卡通幫憨憨進行英文啟蒙。

推薦親子共讀的英文繪本

陪孩子共讀繪本時，最常見的現象就是父母不斷在讀，而孩子只是一直聽。一旦要求孩子獨立閱讀，他就會說不要。問題點在於「共讀」這兩個字上，單純的父母念或者孩子念，其實互動效果都不太好。

針對這個問題，美國有一類分級共讀繪本在英文啟蒙階段非常流行，這類繪本可以父母讀一段，孩子讀一段。其中代表作有兩套，一套是 You read to me. I'll read to you，另外一套是 We Both Read。

這類繪本最值得推薦的地方是，一半內容是給父母念，一半是讓孩子念，父母念的內容較多，而孩子念的內容較少。這樣的好處是，父母和孩子會出現互動，大家都能享受到閱讀的樂趣，而且孩子也願意開口念英文了。

研究機構做了一項測試，當父母和學生採用 We Both Read 這套書做親子共讀時，學生的閱讀成績提高將近二倍；如果和其他同類書籍相比，提升的幅度是其他書籍的三倍左右。

憨媽當年可是把圖書館裡這類親子共讀繪本都借來跟憨憨讀了一遍，所以憨憨的英文進步得很快。想讓孩子主動開口說英文，父母如何適當引導是關鍵。

家就是
最棒的英文學習環境

曾有一位媽媽問我:「憨憨剛去美國時能適應那裡的環境嗎?去美國之前是怎麼幫孩子練習英文的?上了哪些英文輔導班?」

我家憨憨是四歲來美國的,來了之後很快就適應了美國的英文環境,和外國小夥伴們打成一片。剛開始報名上學的時候,憨憨的學校要求對英文非母語的學生進行語言測試,如果英文沒有達到標準,就會強制要求去英文第二語言的培訓學校學習。

測試後,憨憨說很簡單都聽得懂,也都說得出來,就跟平時玩遊戲一樣。結果也證明他的語言測試結果優良,一次就達標。這時候我才發現,原來英文啟蒙並沒有想像中那麼難,不需要上輔導班,只要在家裡付出一點時間和精力,就能做得很棒。

學英文的環境很重要,特別是聽、說兩個方面,但是大部分孩子較缺少這方面的鍛鍊。我就是一個負面教材,雖然我的英文學得還算不錯,但是僅限於考試,語法、閱讀理解、句型填空,我都能輕鬆搞定,但是聽力和口說就不行了。因為我在中學上英文課的時候,英文老師都是用中文講課,沒有基本的英文語境。因此如果要學好英文,我們一定要給孩子一個良好的英文語境。

聽歐美兒歌打造英文語境

憨憨出生後不久，我們就買了一堆歐美經典兒歌的 CD，每天都放給他聽，這套 CD 裡都是一些英文經典兒歌，旋律很輕鬆歡樂。我們每天早上起床時聽，開車時也聽。剛開始聽的時候，憨憨就是被音樂所吸引，還會跟著蹦蹦跳跳。

此外我們也會找一些歌詞簡單的兒歌跟著他一起哼唱，例如 Mary had a little lamb，歌詞很簡單，憨憨一開始會含糊地跟著歌曲念，我們結合歌詞引導之後，他的發音就越來越標準了。重複聽了幾次後，這幾十個單字也就都會跟著發音。透過這樣的方式，「磨耳朵」真正產生了效果。

我認為聽英文「磨耳朵」有兩個重點：一是選一些經典英文兒歌，給孩子多聽。二是對孩子喜歡的兒歌，和孩子一起念歌詞、一起唱。很多家長容易忽略第二個重點，第二步是「磨耳朵」的關鍵，因為音樂旋律可以讓孩子快速融入英文的語境，只有當孩子張開嘴跟著唱的時候，他才能真正融入。

除了透過音樂的方式建立語境，也可以透過卡通。例如，憨憨兩三歲的時候，我們就讓他看《愛探險的 Dora》。選這部卡通的原因有三點，第一是這部卡通的內容是探險情節，能激發孩子的求知欲、探索欲和勇氣；二是有很多互動內容，例如會請孩子回答問題；三是劇中會不時出現幾句西班牙語，還能順便學習第三種語言。

透過這部卡通是非常容易建立語境的。例如 Dora 遇到難題的時候會停下來，問小朋友：「你們是否知道答案呢？」

三秒鐘後她會說：「Great，你的回答太棒了！」並說出她的思考方式和標準答案。每次 Dora 提問的時候，我都希望憨憨能主動回答，當然也是用英文。其實回答難度並不大，有時候是回答一些顏色，有時候是找拼圖，有時候是找動物。如果憨憨遇到困難、不想回答，我就會將卡通暫停，然後幫他分析答案。所以說透過卡通形成語境，引導孩子跟著一起張口說能幫助孩子提高英文水準。

　　當然 Dora 所散發的魅力還不止於此。因為 Dora 探險的劇情一般會有三關，當 Dora 闖完三關以後才能到達終點，完成任務。所以在卡通結束後，我經常會根據卡通裡的主題出一些探索遊戲給憨憨。

　　一開始我會畫一張地圖（因為 Dora 探險就是從地圖開始的），並將地圖放入他的書包裡，然後設置幾個關卡，例如過獨木橋、過山洞、單腳跳、用球砸中目標等。每過下一關之前，我都會問憨憨一個問題，問題通常都來自當集的卡通，但是我會要求他用英文來回答。

　　例如有一次「過獨木橋」，我在獨木橋周圍放了幾隻鱷魚的模型，然後問他：「How many crocodiles in the river？」（河裡面有幾隻鱷魚？）

　　有時候也會出些邏輯題，例如「Dora is taller than Benny, Benny is taller than Boots. Who is the tallest？」（Dora 比 Benny 高，Benny 比 Boots 高，那誰最高呢？）

　　在學習英文時你會發現數學計算、邏輯推理、科學知識都可以融入英文遊戲中，用解謎的方式來提高孩子的學習興趣，這樣才能真正打造英文的學習環境。

　　玩了幾次後，憨憨也開始發想其他的創意遊戲，例如自己畫地圖

設計遊戲。他在每個關卡自行設計問題，用英文寫出問題。如果有不清楚的地方，他會把相關的那集卡通找出來，再仔細聽一遍，看看句子該怎麼說，問題該怎麼設計。

這個過程不僅大大提升了他的英文程度，而且他在看卡通時會帶著問題邊聽邊理解，這樣他對卡通中的情節、語句掌握得會更紮實。

組織問題和回答問題的難度完全不同，回答問題的時候，憨憨只需要說出幾個簡單的單字，但是組織問題時他就需要考慮句型、語氣、邏輯等，無形增加很多難度，所以基本上每一集 Dora 卡通憨憨至少都看了了二至三遍。

回到一開始的問題，是否該幫孩子報名英文輔導班？我的回答是如果你願意付出時間和孩子共同學習、一起進步，那麼我強烈建議在家和孩子一起學習。因為只有你最了解自己的孩子，也知道他的興趣。如果能在英文學習中融入他們的興趣，自然而然就能為孩子建立一個英文語境，而孩子則能在這個語境中迅速成長。

學會 Sight Word，輕鬆累積辭彙

　　很多媽媽問我美國孩子都是怎麼學單字，老實說對於背單字這件事我也非常頭痛，有一天了解憨憨學校的單字教學方式後，我才豁然開朗，原來美國學校的單字多是從 Sight Word（常見英文字）開始的。

什麼是 Sight Word ？

　　Sight Word 指的是常見英文字，經常出現在兒童各類讀本裡，學校會鼓勵孩子記住這些詞，讓他們不需要任何拼讀就能自然認識這些字。Sight Word 的總字數大概佔兒童英文教材中的七十五％，認識 Sight Word 的好處是孩子在接觸課本閱讀前，就可以認識大部份的單字，也因此可以更加理解教材的內容，不用因為必須拼讀其中某個詞而中斷閱讀，因此 Sight Word 對於孩子的英文閱讀非常重要。

　　很多專家認為認識 Sight Word 的能力對剛開始接觸閱讀的孩子很有幫助，因為 Sight Word 中有些字的讀法並不符合自然拼讀法，也不容易用圖片來表示。例如 was 屬於一個抽象的概念，不符合自然拼讀

法的規則，也無法用圖片解釋。

學習 Sight Word 最常用的有兩本單字冊：《Dolch Sight Words》和《The Magic 100 Words》。第一本單字冊是愛德華・道爾奇（Edward W. Dolch）博士於一九三〇至一九四〇年編著，對象是學齡前至國小三年級的兒童，它包括了兩百二十個服務性單字和九十五個常見名詞，美國學校課本中五十%至七十五%的單字都來自於這套單字冊。

Dolch 單字冊的服務性單字包括代詞、形容詞、動詞、連接詞、副詞和介詞，而這些詞往往都不太好透過圖片展示出來。

Dolch 單字冊還有一個升級版，叫作 Fry 單字冊，這套單字冊是由 Fry 博士於一九五〇年所發明，對象的是國小一至六年級的兒童，單字量從 Dolch 單字冊的兩百二十個增加至一千個，所以如果掌握了 Fry 單字冊，孩子就相當於掌握了美國學校課本中九十%的單字量。

單字冊《The Magic 100 Words》是由資深的教育家瑪賽拉・瑞特（Marcella Reiter）編著，整套單字冊分為三個階段，分別是 Magic 100 Words（1 ～ 100 words），Magic 200 Words（101 ～ 200 words）and Magic 300 Words（201 ～ 300 words)，它大約涵蓋了學校裡七十%的單字量。

或許有人會問 Dolch、Fry 和 Magic Word，到底要選哪一套呢？我家憨憨在學校學的 Sight Word 是來自 Dolch 單字冊，這套單字的特色是單字不多、難度不大卻很實用。從憨憨的學習情況來看，我很推薦三年級以下的孩子學習。如果發現孩子的單字記憶力很棒，Dolch 單字冊的兩百多個單字已經不能滿足他了，那麼就挑戰一下 Fry 單字冊吧，這很適合年齡稍大一點的孩子。

怎麼學 Sight Word ？

有些父母會擔心這麼多 Sight Word，孩子學起來會不會很痛苦？其實不然，美國老師有很多學習 Sight Word 的小訣竅，例如下面這幾個遊戲，可以讓孩子在遊戲中學習。

Sight Words 賓果

每個小朋友有一組 bingo 卡片（見下圖），大人每次說出一個單字，如果單字在孩子的卡片上，他就圈起來，誰能集滿一行、一列或對角線的圈圈，誰就獲勝。

laugh	half	own	today	small
together	done	never	carry	about
only	try	●	hold	hurt
drink	full	myself	kind	if
light	eight	bring	warm	shall

Sight Words 棋盤遊戲

每個孩子輪流擲骰子，然後根據點數走到對應的格子裡，並念出格子中對應的單字（見右圖），誰先到達終點即為贏家。

finish	eat	around	red	yellow	fast	very	They
it	use	up	him	went	by	no	want
funny	sing	please	green	give	good	with	three
brown	around	we	away	goes	first	four	these
he	many	his	open	ate	too	out	has
did	make	alaways	upon	go	was	their	read
found	your	get	don't	down	could	like	ride
start	does	but	sit	who	see	am	to

Sight Words 打蒼蠅

在這個遊戲裡每張畫有蒼蠅圖案的卡片裡都有一個單字，大人每說一個單字，孩子需要迅速找到對應的「蒼蠅」並一拍子打下去。

Sight Words 釣魚遊戲

在每張小魚形狀的卡片寫上一個單字，然後放在地上，孩子們輪流釣魚，釣到魚後需要念出魚身上的單字才算抓住這條魚。

Sight Words 記憶遊戲

這個遊戲可以考驗孩子的記憶力，每次翻兩張卡片，翻到一樣的卡片後需要讀出對應的單字，答對者可拿回卡片，卡片最多者獲勝。

Sight Words 你來我往（Tic-Tac-Toe）

這個遊戲將 Tic-Tac-Toe 和 Sight Word 結合起來了，輪到誰走的時候，必須先念出一個 Sight Word 單字。

Sight Words 停車場

首先做好一個個「停車場」，每個「車庫」都有對應的單字，大人每次說出一個單字後，孩子需要將「汽車」停到相應的「車庫」中。

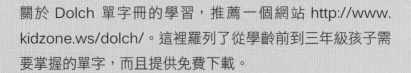

憨爸
分享

關於 Dolch 單字冊的學習，推薦一個網站 http://www.kidzone.ws/dolch/。這裡羅列了從學齡前到三年級孩子需要掌握的單字，而且提供免費下載。

美國老師
教孩子背單字的三大技巧

　　觀察憨憨學英文單字的狀況，我發現美國老師的要求竟然與我們小時候的學習十分類似，背誦、默寫、練字一樣也少不了，接著跟大家分享美國老師對於教英文單字的要求有哪些。

默寫單字

　　憨憨的老師每週一會提供本周要學習的單字作業，到了週五時會進行默寫。每次默寫十二個單字，另外再加上三個之前學過的單字，總共十五個單字。此外還要聽寫兩句話，這兩句話也會用到之前學過的單字。

　　孩子進行默寫的時候，特別是聽寫的句子，除了檢查拼寫是否正確，還要檢查標點、大小寫、空格等是否正確。

　　舉個例子，有一次老師讓學生們聽寫「I like America.」，就是這麼一句話，有的小朋友忘記加最後的句號，有的小朋友寫「A」時忘記大寫，有的小朋友不小心兩個單字中間多空了幾格，這些都是扣分

的。結論是，其實背單字沒有捷徑，就算是美國的孩子也要一個個反覆背誦、默寫才是基本功。

📦 背誦訣竅

背誦不是死記硬背，背誦是有訣竅的。憨憨的老師就提供了一些小技巧，讓學生更容易記住單字。

- 將要背的單字按照 ABC 的字母順序列出來。
- 背單字時可以再造一個句子，以加深理解。
- 造句時，盡可能多使用背誦的單字。
- 仔細思考單字的韻律。
- 按照名詞、動詞、形容詞將單字分門別類。
- 編一個故事，故事中包含背誦的單字。
- 以背誦的單字為主軸畫一幅畫，然後告訴大家這個單字是什麼意思。

📦 自然拼讀法教學

透過自然拼讀法學習單字是美國學校中非常普遍的一種做法，關於如何教授自然拼讀法，憨憨的老師採用的是 SIPPS 教學法（Systematic Instruction in Phonics and Phoneme AwAreness）。SIPPS 是美

國老師教自然拼讀法的主流方法，它提供了一套系統幫助孩子掌握閱讀技能、培養自信，進而提高理解能力，加快閱讀速度。

憨爸分享

關於如何使用 SIPPS 教學，可以參見這個網站：https://www.collaborativeclassroom.org/sipps。

再隆重推薦一個透過自然拼讀法學習單字的好網站：Teach Your Monster to Read，鏈結為：http://www.teachyourmonstertoread.com。

它有網站和 APP 兩個版本，APP 是收費的，但是網站內容是免費的，因此可以讓孩子嘗試一下用這個軟體學習英文單字，配合可愛的小怪物，孩子學起來肯定是充滿樂趣的。

憨憨一年級所學的單字清單

Week of 5/4

   trip, tree, say, said, hop, train, number, stop, stopped, one, temperature, weather

Week of 4/27

   why, try, trying, eat, mean, read, sunny, fly, treat, each, air, wind

Week of 4/20

   this, then, thing, thank, bank, with, wish, think, sing, these, silk, worm

Week of 4/6

   boy, toy, oil, soil, other, mother, sister, boil, brother, father, rabbit, spring

Week of 3/30

   you, your, yes, yell, drop, line, side, dress, draw, saw, symbol, landmark

Week of 3/23

   Have, give, love, from, live, friend, much, such, old, told, walk, around

Week of 3/16

   more, store, stand, star, blew, flew, new, stone, sting, ring, green, gold

Week of 3/9

   her, girl, turn, hurt, first, were, card, part, start ,Are, equal, greater

Week of 3/2

now, down, how, out, shout, about, our, house, slow, show, read, America

Week of 2/23

too, good, book, shook, school, when, what, took, who, soon, president, valentine

Week of 2/9

way, away, today, chain, wait, chase, play, played, rain, paint, dragon, parade

Week of 2/2

boat, coat, float, long, along, belong, paw, fawn, tall, wall, hole, shadow

Week of 1/26

Candy, went, sent, take, like, puppy, time, didn't, by, my, heart, cold

Week of 1/20

send, back, end, bath, fast, last, both, must, just, black, fair, peace

Week of 1/12

place, make, making, help, here, want, nice, to, two, into, new, year

Week of 1/5

some, come, home, fun, funny, run, running, ran, us, use, snowflake, snowman

Week of 12/8

the, that, them, day, may, made, was, of, if, a, snow, rain

Week of 12/1

no, go, going, most, kind, find, gave, so, do, doing, holiday, winter

Week of 11/17

be, see, got, she, sheep, shop, queen, been, bee, he, pumpkin, turkey

Week of 11/3

add, ask, came, name, ride, bone, save, kite, cute, mine, every, even

Week of 10/20

up, it, him, I, or, for, four, we, man, men, door, does

Week of 10/13

is, his, an, and, Can, all, call, land, small, hand, catch, Candy

Week of 10/6

as, has, fox, box, mix, egg, jam, pet, nap, big, before, book

Week of 9/29

on, not, but, at, had, in, did, get, red, hot, about, also

分級英文繪本
的選擇技巧

美國的幼稚園和小學老師基本上不會出課後作業，唯一的任務就是閱讀，例如憨憨的老師出給學生們的課後作業一個是 Raz Kids 的線上閱讀，二是每週帶一本書回家精讀。

美國老師都是按照學生的能力制定閱讀任務。Raz Kids 提供的教學系統能讓學生自己追蹤學習進度，系統裡的書籍也是分級閱讀，可以保證學生從簡單到困難一步步升級。而每週一本的閱讀任務也是根據學生能力量身訂作，每個學生領回家的書都是不同的。

有一次，我特別留意了一下老師給憨憨的書，發現每本書都對應一個難度等級，老師會幫每個學生記錄他目前的閱讀等級。因此，每次出閱讀任務給學生的時候，老師會根據學生所對應的等級來選擇書籍，如果連續幾次這個難度等級的書該學生都讀得很好，那麼就會讓他升級到下一個等級。

美國學生的閱讀訓練都是依照這個分級制度展開的。說起這個閱讀分級制度還有個故事，最早美國學校沒有這種分級閱讀制度，可是教育者發現，即使學生們閱讀量不少，可是到了大學後，面對複雜的科研文獻，很多學生卻表示看不懂。

後來教育者和研究者們發現這是因為學生們在小學、初中和高中的時候，普遍缺乏複雜文章的閱讀訓練，雖然閱讀的書籍很多，但是應付大學的那種高深學術文獻就覺得力不從心。這就像是小時候雖然看了很多瓊瑤和金庸的小說，可是到了大學對閱讀學術文章似乎沒有幫助。

於是美國教育部就推出了共同核心課程標準（Common Core），其中對閱讀文章還定義了文章複雜度這個概念，這個概念有三個屬性，分別是質、量和閱讀任務。

簡單來說，這個標準就是要求老師出閱讀任務給學生的時候，必須循序漸進引導學生們閱讀各種類型的複雜文章，文章類別必須要有故事類，也要有非故事類。我從憨憨帶回來的繪本中發現，有故事類、另外也有火山主題、恐龍主題，也有人物傳記等。

如何判斷孩子的閱讀等級

市面上有許多分級繪本，很多人會好奇美國老師是怎麼判斷孩子的閱讀級別的呢？這裡有一些小妙招分享給大家。

- 選一本繪本，將書中所有的單字記錄下來並統計數量。
- 讓孩子大聲朗讀這本繪本，全程不給予任何提示或幫助。
- 如果孩子有一個單字讀錯了，在這個單字上打勾；如果孩子有一個單字跳過了，也在這個單字上打勾；如果孩子尋求幫助，可以讓孩子重來一次；如果孩子還是不會念這個單字，那麼就告訴他答案，

但是記得在這個單字上打勾。

- 如果孩子因為口誤，不小心讀錯，但後來又糾正了，不用在該單字打勾；如果孩子一個句子沒讀好，後面又正確重讀了這個句子，那麼也不用打勾。

- 等孩子讀完，統計孩子的閱讀正確率，公式如下：

閱讀正確率＝（所有單字數－讀錯的單字數）÷所有單字數×100%

舉個例子，如果一本書有七十九個單字，孩子讀錯了五個，那麼他的正確率就是：

（79－5）÷79×100%＝94%

- 一共找三本相同難度等級的書讓孩子做測試，最後統計每本書的閱讀正確率，並取平均值。

我們將孩子的閱讀等級分為三類，分別是獨立閱讀型、指導閱讀型和挫折閱讀型。這三種類型能代表孩子對這個等級繪本的適應程度。

- 如果孩子的閱讀正確率＞九十七％，則代表孩子的級別屬於獨立閱讀型，對這個難度等級的書，他完全可以做到自主閱讀，可以考慮幫孩子升級。

- 如果孩子的閱讀正確率在九十％～九十七％，代表孩子的級別屬於指導閱讀型，需要幫助孩子多加練習。

- 如果孩子的閱讀正確率＜九十％，代表孩子的級別屬於挫折閱讀型，這套繪本的難度對他而言可能有點高，可以考慮降低難度。

📦 分級閱讀繪本推薦

　　說到分級閱讀，家長有許多選擇，例如 I Can read、牛津樹、Raz Kids 都是其中的代表。在美國校園裡最常用的分級閱讀繪本非 Raz Kids 莫屬。因為 Raz Kids 遵從的分級標準是 Reading A-Z Level，從 AA、A 一直到 Z、Z1、Z2，一共二十九個難度級別，而且它最大的特色是，每個級別的書都分為故事類和非故事類兩大類，這樣能保證孩子閱讀面很平均，這點和別的分級繪本有很大的區別，因為絕大多數分級繪本都是故事類的，而缺乏非故事類的，例如科學、歷史、人物傳記等方面的內容。

選對繪本，零基礎孩子也能變成英文小學霸

　　憨憨的英文閱讀程度在班級上還算不錯，他很喜歡閱讀，閱讀量也很大，想想他從零基礎的英文到現在的英文程度，真的很感謝憨媽的辛苦教導，訓練孩子的閱讀能力，就從為孩子選一本合適的英文繪本開始。

照孩子的興趣選書

　　雖然是父母在選書，但是真正讀書的是孩子自己。每本書都有自己的畫風、風格、思想內容，有些書儘管評價高、銷量好，還得過不少國際大獎，但並不是每個孩子都會喜歡。也有些書父母乍看之下覺得很無聊，畫風也很粗糙，但是孩子偏偏很喜歡。

　　例如 Olivia 小豬奧莉薇系列，封面是 3D 造型的小豬，以大人的眼光看不太唯美可愛。可是憨憨一看到便愛不釋手，早就興致勃勃地讀起來了。

　　還有一套書是小象和小豬系列（An Elephant and Piggie Book），

畫風很普通，文字也很簡單，每頁基本不超過十個單字。可是這套書每本都寓意深刻，而且能給孩子無限的想像空間，所以不同年齡階段去讀都會有不同的理解。憨憨上二年級時仍然很喜歡這套書，每次讀都會呵呵地傻笑半天。

興趣是支撐孩子英文閱讀的第一大要素，選孩子喜歡的圖書是孩子走上閱讀之路的關鍵。

選擇應景的繪本

選書還可以考慮應景這一原則，例如最近有什麼節日，是什麼季節等。萬聖節時我們幫憨憨選了很多萬聖節主題的圖書，一來拓展他的知識，二來鍛鍊他的膽量。像 I Can read 這個系列裡的 Flat Stanley 有鬼故事，粉紅小豬中也有鬼故事。例如奧運會期間，我們給他選了籃球、棒球、網球明星的傳記。例如夏天的主題閱讀也很豐富。我們選過 I Can read 系列中關於游泳的書，Biscuit 小狗系列中關於沙灘的書。

選擇應景主題的好處是能結合當前的事件對孩子進行引導，同時進一步激發他們的閱讀興趣。

親子共讀是最好的方法

當孩子還沒有養成讀書習慣的時候，親子共讀就是最好的選擇了。共讀並不是父母為孩子念書或孩子一個人讀，而是孩子讀一句，父母讀一句。

有不少親子共讀的經典書籍可以選擇，我們家特別喜歡 You Read to Me, I'll Read to You 系列。這幾個系列中每本書都分紅藍兩種字體，紅色部分的文字一般很簡單，由孩子讀出來。藍色部分稍微複雜點兒，由家長負責念。

很多父母擔心自己發音不好會誤導孩子，其實大可不必擔心，不懂的單字我們可以去查字典，糾正自己的發音。在不斷閱讀的過程中，你會發現孩子的英文水準提高了，自己的水準也在跟著進步呢！至少我們家就因此受益很大。

不要把自己英文不好作為逃避和孩子一起閱讀英文的理由，至少，努力地去嘗試才有成功的可能，若是放棄則一定會失敗。

　　憨憨的英文自主閱讀之後是從四歲開始的，一開始讀的是 I Can read 系列。I Can read 系列分為很多級別，其中 My Very First 和 My First 級別都很適合剛剛起步的小朋友。

　　五歲的時候，憨憨就開始進軍 I Can read 的 Level 1 的級別了，同時穿插著青蛙弗洛格系列（Froggy）、小豬奧莉薇系列（Olivia）系列、小豬小象系列（The Elephant and Piggie）的繪本。

　　到了六歲，他開始讀 I Can read 的 Level 2 和 Level 3，同時閱讀大量蘇斯博士的書，這套書也是他們老師強烈推薦的。和 I Can read 不同，Dr.Seuss's 的文字非常有韻律和節奏感，讀來朗朗上口。

　　像《舊帽子新帽子》（Old Hat New Hat）這本書，用對比的詞語講帽子，很有趣。Dr.Seuss's 和 I Can read 一樣是分級別的，最早的也是從三四歲開始的。

　　憨憨在六歲半的時候開始迷上《神奇樹屋》（Magic Tree House），這是一套帶有魔幻色彩的小說，不再是簡單的繪本，文字量也開始加大。

　　憨憨在七歲時開始讀《老鼠記者》（Geronimo），還有《小屁孩日記》（Wimpy Kid），以及《哈利波特》。以上列舉的都是美國的經典繪本，家長們不妨可以參考為孩子增加閱讀書單。

根據藍思分級指數
幫孩子挑英文繪本

現在市面上的英文繪本很多，而且每種繪本上都會標示適讀年齡，但按照這個年齡參考標準選書時，我發現了幾個現象：

- 同一年齡階段孩子的閱讀能力各有不同，例如我家憨憨在二年級開始讀《哈利波特》，這套書官方推薦的年齡是九至十二歲（也就是四年級到七年級），可是憨憨和他的好多同學都已經開始提前閱讀了。

- 這個年齡分類參考是針對美國學生的，但是國內學生的英文能力普遍沒有美國同齡學生那麼好。

那麼，要如何衡量孩子的英文閱讀能力，選出適合孩子的英文繪本呢？這裡推薦一套美國很流行的閱讀能力測評體系 —— 藍思分級（Lexile）。

什麼是藍思分級

關於藍思分級，中國英文閱讀教育研究院專門寫了一篇論文來說明這套測評體系。藍思閱讀測評體系是美國 Metametircs 教育公司受

美國國家衛生研究院（National Institute of Health）資助，經過十五年的研究開發出來。它可以為讀者的閱讀能力和讀物的難度等級做匹配，進而幫助教師、家長為孩子選擇適合的讀物。在美國，藍思分級的使用機構遍佈五十個州，覆蓋了美國學生人數的五十%至七十五%。

藍思分級從讀物難度和讀者閱讀能力兩個方面進行衡量，使用的是同一個度量尺規，因此讀者可以根據自己的閱讀能力，輕鬆地選擇適合自己的讀物。它使用數字加字母「L」作為衡量難度的度量尺規，難度範圍為 0L～1700L，數字越小表示讀物難度越低或讀者閱讀能力越低，反之則表示讀物難度越高或讀者閱讀能力越高。

舉個例子，我們看這本蘇斯博士的 Beginner 級別的繪本《綠雞蛋和火腿》（Green Eggs And Ham），官方推薦的適合年齡是三至七歲，它的藍思指數是 30L。

再看這本同樣是蘇斯博士的 Beginner 級別的《一條魚 兩條魚 紅色的魚 藍色的魚》（One Fish Two Fish Red Fish Blue Fish），官方推薦的適合年齡還是三至七歲，但它的藍思指數是 180L。

可見，即使是同一年齡層的繪本，但難度有高低之分，透過藍思指數就能明顯看出這本繪本的難度。

此外，每個孩子的閱讀水準也都會對應一個藍思數值，如果他閱讀水準的數值比繪本的藍思指數高很多，則說明繪本偏簡單，對孩子閱讀的幫助有限；而如果他閱讀水準的數值比繪本的藍思指數低很多，則說明繪本偏難，孩子閱讀會有障礙。

這樣一來藍思分級的意義就很明顯了，我們給孩子選英文繪本的

時候，可以根據藍思指數來選擇適合孩子的繪本，這樣就不會太迷惘了。

有哪些指數可以參照藍思分級

上文提到藍思指數一般是「數字+L」的形式，其實在計算藍思級別低於 200L 的圖書或字數少於五百個單字的圖書時，由於這類圖書文字較少，插圖較多，語句重複率往往比較高，所以僅僅考慮語義難度和句法難度容易產生誤差。因此，一般會用特殊符號表示。

這些符號如下：

AD=Adult Directed 家長指導書籍。這類讀物一般都是帶有文字的繪本，適合家長陪同學齡前兒童一起閱讀。

NC=Non-Conforming 非常規書籍。這類讀物的語言難度一般超過了目標讀者的閱讀能力。適合閱讀能力高於平均水準的讀者閱讀。

HL=High-Low 趣味性高但難度低的書籍。適合較高年級閱讀能力較低的學生。

IG=Illustrated Guide 一般是百科全書。

GN=Graphic Novel 連環畫或漫畫。

BR=Beginning Reading 初級讀物。

NP=Non-Prose 非散文性文章。如詩歌、歌詞或者食譜。此類文章無法評定藍思等級。

例如蘇斯博士的 Beginner 級別的《在爸爸身上蹦來跳去》（Hop

On Pop），這本書文字很少，因此，它的藍思指數就是 BR。

又例如蘇斯博士的 Beginner 級別的《千奇百怪的腳》（The Foot Book），這本書是一首有韻律的小詩，因此，它的藍思指數就是 NP。

再例如蘇斯博士的 Beginner 級別的《穿襪子的狐狸》（Fox in Socks），這本書內頁文字比較多，適合父母和孩子一起親子閱讀，因此，它的藍思指數就是 AD420L。

如何查詢英文書的藍思指數

大多數書都已經被收錄到藍思分級的資料庫中，因此最簡單的方法就是登錄藍思分級的主頁，https://www.lexile.com，然後在右上角的「Quick Book Search」中輸入書名，最後點「Search」，就能得到你查的這本書的藍思指數了。

值得注意的是，如果這本繪本很簡單，文字太少，進而沒法計算它的藍思指數，那麼很有可能你得到的指數是 BR 或者 NP，意思是入門級別或者小詩歌。

其實，每個人的閱讀能力也會對應一個藍思指數，只不過這個測試需要透過專業機構來進行，無法在家自測。我們可以透過孩子平時看的書，大致估算一下他的藍思級別。

例如我家憨憨看的《哈利波特》，藍思指數是 880L，透過這個我知道他的閱讀水準是 880L 左右，以後選書我就會更有針對性，那種

指數太高或者太低的書籍，我一般就不會選了。

美國著名的兒童閱讀機構 Reading A-Z 還提供了一套藍思級別和年齡的對應標準，這個標準能給家長一個很好的參考，至少對於孩子什麼年齡該看什麼書，家長就不會茫然了。

啟蒙科學與藝術，
原來很簡單

藝術和科學的學習其實是有關聯的，利用藝術可
以幫助孩子認識科學之美，只要多留意、多思
考，引導孩子欣賞藝術之美，激發對科學的探索
欲和求知欲，就能做好藝術和科學啟蒙，提升孩
子的創造力。

在家陪孩子玩科學實驗，
激發無限好奇心

　　有一次憨憨的學校發通知要舉辦一個科學展覽，對象是幼稚園到小學五年級的學生，希望學生們踴躍報名參加。

　　玩科學是美國學校的一大特色，他們從幼稚園、小學一直到高中的學習內容中，都有很多科學方面的內容。他們不是照本宣讀這麼簡單，而是需要動手實踐，所以學校也會定期舉辦一些科學展覽活動，目的就是讓小朋友們自己發揮創意，完成一些科學作品。

　　很多家長曾問我美國的科學課到底是怎麼教的，如果自己在家引導孩子該怎麼做。這裡我結合憨憨學校的科學展覽，分享啟蒙孩子的科學該從何開始及做哪些準備。

明確學科的目標

　　科學這個概念太大了，從物理、化學、生物到太空，這些都屬於科學的範疇。美國學校裡的科學課，內容五花八門，每個老師都有自己的教學重點，並沒有一個統一標準，不會要求每一堂課必須講什麼。雖然老師可以自由安排科學課的內容，但所有老師為孩子制定的目標都是一樣的，它包括以下五點：

- 激發孩子的好奇心和探索世界的欲望。
- 理解自然界的科學現象。
- 能夠用語言和文字解釋科學現象。
- 培養解決問題的能力。
- 能夠分析資料和結果。

如何做科學小實驗

美國老師為孩子設定實驗項目時，一般會分為五個部分。例如下面這個光折射實驗的例子。

實驗假設

老師為孩子們準備了手電筒或雷射源，用它來照射不同的物質（水、空氣、塑膠和玻璃），老師會問：「當光穿過這些物質後，會發生什麼變化呢？」並且讓學生將自己的假設寫到紙上。

這個過程就是在激發孩子的好奇心和探索欲。

開始實驗

實驗分成四個步驟，分別是光在空氣中直射、光穿過水、光穿過塑膠、光穿過玻璃，每次實驗都需要孩子記錄下實驗的結果，這個記錄可以是文字，也可以是畫圖。這個過程鍛鍊了孩子的動手能力，並且透過實驗理解自然現象。

整理結論

　　實驗做完後，老師要求學生們將實驗發生的現象描述出來，結論主要有兩點：一是光穿過空氣時沒有什麼變化，但光穿過玻璃、水、塑膠時就會發生折射；二是光穿過不同物質時折射的角度不一樣。這個過程鍛鍊孩子的歸納能力，將看到的現象透過文字總結出來。

分析結果

　　最後一部分，老師需要學生們分析觀察到的結果或資料，這種分析是基於已有結果的一種提煉。這時候孩子們可以分析出來的結果就是：光穿過不同的物質會發生折射，而且物體不一樣，折射角度也不一樣。光穿過玻璃的時候，折射的幅度最大。這個過程是鼓勵孩子多思考、多分析，這樣才能更好地理解。

展示環節

　　當孩子完成實驗後，需要和大家分享這個實驗，我前面所說的科學展覽做的就是這件事。每個學生都需要將自己的實驗作品帶到學校，每個人都有一個展臺，需要將自己的作品介紹給觀眾。參展的學生們都會將之前寫的實驗假設、實驗步驟、實驗材料、實驗推論等貼在自己的展臺上，最重要的是觀眾駐足觀看自己的實驗作品時，不僅要為觀眾介紹這個實驗的原理、步驟，而且還要回答觀眾的提問。這個過程是考驗孩子對這個實驗的理解程度以及表達能力。

哪些實驗適合孩子做

雖然科學實驗很多，但是選擇適合孩子的實驗還是需要技巧的，為孩子選擇實驗有兩個原則：一是操作性強，不能太難，否則孩子會受挫；二是實驗要有趣，否則孩子會失去興趣。基於這兩點，憨憨的學校提供了兩大實驗主題，分別是物理實驗和生物實驗。

物理實驗：例如研究紙尿褲，看哪個牌子吸水量最大？研究不同形狀的冰塊，它們的融化時間一樣嗎？搭建一座橋，什麼形狀的結構最結實？什麼型號的電池使用的時間最長等。

生物實驗：例如土地的類型如何影響植物的生長？一種植物根發芽需要多久？一個適合生物居住的星球會有氧氣嗎？粉蝨小蟲子對光的反應如何等等。

憨爸
分享

我將憨憨學校的這套科學實驗指導總結起來，不僅有實驗主題，還有實驗記錄表。這些實驗是針對幼稚園和小學階段的，非常適合父母和孩子在家一起玩。可以在我的公眾號搜尋「科學實驗」就能得到下載連結。父母在平時教導孩子科學知識的同時，不妨多帶他們做些小實驗，孩子們一定會很有收穫。

孩子不必當科學家，
但要懂得感知世界

關於幾歲開始學物理的問題，我套用克里斯費里教授（Chris Ferrie）的一句話：「無論何時教孩子學物理，都不會覺得早。」克里斯費里教授就是臉書執行長馬克・祖伯格給女兒讀的那本《量子物理學》的繪本作者。

為什麼孩子要學物理

我們不要把物理想像得過於深奧，教孩子物理知識，也不是為了讓他將來成為偉大的物理學家，而是為了讓孩子了解這個世界的運行規律，進而能感知和認識這個世界。

簡單來說東西推一下能往前動，光透過玻璃能反射，水從高處往低處流等小的生活常識中都蘊含著物理知識，而孩子在成長過程中是非常需要這些知識的。

在家怎麼教物理

說到物理，我們腦子裡首先想到的就是一堆公式和定理，像是牛頓運動定律、愛因斯坦相對論等，如果寫出 $s = vt$ 之類的公式給孩子看，我敢保證不到一秒鐘孩子就會跑開了。

教孩子物理知識，得從物理的本質開始。物理是一門建立在實驗基礎上的學科。我們需要透過各種小實驗說明科學原理給孩子聽，只有讓孩子親身感受這個實驗，他才會明白你想表達的意思。

另外，實驗也要針對孩子的年齡設計，不僅要簡單易操作，而且必須有趣。舉例來說，為了讓孩子理解密度，我之前和憨憨做了一個實驗，利用不同液體的密度不同來進行顏色的分層。

這個實驗做完後憨憨就明白，原來同樣是液體，也有輕重之分，密度大的會在下面，密度小的會浮在上面。我不需要跟他解釋何謂品質、密度等相關的定理和公式，他就能對這些基本概念有基本認識。

當然除了做實驗，讀繪本和看卡通也是不錯的方式，繪本和卡通都是將複雜的事物透過簡單的圖畫表達出來，也有助於孩子理解。

從哪些點可以教孩子物理知識

父母可以從以下幾個點來教孩子物理知識。

電（Electricity）

家裡的電器都需要電，如果在電源關閉的情況下，電器是沒有電的，只有當電源打開後，電流才會形成一條通路，這樣電器才會運作。我們可以用電源開關說明這個道理給孩子聽。再進一步，可以用電池說明正極和負極，找一個電動玩具，把電池蓋子打開，讓孩子看看正負極，學著將電池按照正確的順序裝進去。深入一點，就可以提到如何發電、電磁作用等。我曾經跟憨憨做過電磁圈，利用電磁場可以實現線圈在沒有馬達的情況下自動轉動。

能量（Energy）

能量是一切物體運作的泉源。例如汽油能產生能量，讓汽車開動、光是一種能量，在光的照射下，植物才能生長、火是一種能量，可以加熱食物。再進一步，可以提到能量是可以傳遞的，例如，為什麼在瓦斯爐上煮菜會熟？就是因為爐火將能量傳遞給了鍋裡的菜，使它們能加熱而變熟。

力和運動（Force and Motion）

一切物體的運作都屬於這個範疇，簡單來說，帶孩子去看汽車、飛機、輪船，告訴他們所有東西都能動。再深入一點，告訴孩子一個物體就算是靜止的，但在外力的作用（例如我們推它或拉它）下，也會發生移動。更深入可以讓孩子明白相對參照物的道理，例如我們站著不動，看從身邊急馳而過的汽車，我們會感覺自己似乎在往後退。

重力（Gravity）

　　這個知識就是讓孩子知道地球有引力牽引著我們，任何東西都會往下落，例如水會往低處流，球會往下掉等。再深一點，可以考考孩子同時從高處往地上扔一個重的球和一個輕的球，它們落地的時間是不是一樣。

光（Light）

　　首先要讓孩子知道什麼是光，例如太陽光、電燈光……然後可以跟孩子說鏡子是可以反光的，在一個小黑屋拿著手電筒斜對著鏡子照一下，就能看到旁邊的牆壁有光了。再深一點，還可以告訴孩子白光可以分解成七種顏色，以及彩虹是怎麼形成的。

磁（Magnetism）

　　找一塊磁鐵，首先示範磁鐵能吸附鐵製品的特性給孩子看，接著可以告訴孩子磁鐵同性相斥、異性相吸的性質。

聲音（Sound）

　　簡單介紹聲音時，只需要知道什麼是聲音、聲音高和低、聲音的多樣性等。再深入一點，就是了解聲音其實是一個一個的波形，你可以打開 iPhone 的錄音器，錄音時能看到聲音的波形，波形越大表示聲音越高，反之則聲音越低。還可以告訴孩子聲音是透過空氣傳播的，這就是為什麼在太空裡我們無法聽到別人說話的原因。

認識重力波，
從時光機開始

　　二〇一六年二月十一日，美國的雷射干涉重力波觀測站（LIGO）專案組宣佈發現了重力波的存在，「重力波」這三個字瞬間變成了熱門辭彙，可是到底什麼是重力波呢？我們該如何向孩子解釋重力波？我嘗試說明了一次重力波給憨憨聽，不求他有多深的理解，只是想讓他知道有這麼一回事，而且能對科學充滿好奇和探索之心。

　　重力波是愛因斯坦廣義相對論的一個基礎，接著我們先集中精力來討論重力波。討論重力波之前，我們先談談時光機，正好有許多卡通如《粉紅豬》、《愛探險的 Dora》、《星球大戰》中都有不少關於時光機的內容。我先問憨憨：「你想坐時光機嗎？」小傢伙毫不猶豫回答：「YES！」我接著問：「那你想去什麼地方？什麼時代呢？」他想了一下說：「我要去暗黑世紀！」

　　緊接著我就跟憨憨說：「如果想坐時光機，就需要一種叫作『重力波』的東西。」

📖 如何向孩子解釋重力波

假設空間是一塊很大的塑膠墊，如果你扔一個保齡球下去，這個塑膠墊就會凹進去一塊。這時候，我把棉被鋪在床上，再往棉被上扔一個網球，棉被確實凹進去了一塊。

「就像這樣，」我指著凹進去的棉被對憨憨說：「物體越大越重，塑膠墊凹進去的部分就越多，也就是說空間被扭曲得越多。」還是同樣的棉被，我緊接著拿了一本厚書丟上去，只見棉被更凹陷了。等我把書拿起來的時候，突然看到憨憨氣喘吁吁地搬著一個剛買的大西瓜過來說：「我也要試試……」在及時保護了大西瓜之後，我問了憨憨一個問題：「為什麼地球會繞著太陽轉呢？」答案是，因為太陽體積巨大，就像物體砸在那個塑膠墊上帶來周圍空間的扭曲。

這時候如果你想在太陽周圍行走的話，你會發現雖然並沒有一根繩子拉著你，但你卻自動圍繞著太陽沿著圓形軌跡在動，這就是因為空間的扭曲。接著再向孩子說明，時光機需要重力波，東西越大越重，就越能改變周圍的空間。

📖 重力波是如何產生的

如果前面的內容孩子理解得很好，那麼就講得更深入一點吧！當兩個巨大的物體加速轉圈時，空間的扭曲就會發生變化，進而產生了重力波。那麼，如果兩個人相互在轉圈，也會產生重力波嗎？

我一邊拉著憨憨轉圈，一邊解釋：「兩個人一起轉圈，也會產生時空的波紋，只不過這個波紋非常非常小，很難檢測到而已。」

因此如果想改變時空，我們需要一對巨大的物體，且運動得非常快，這樣才能產生強大的重力波。這些內容可以讓孩子明白，兩個物體繞圈可以產生重力波，物體越大，產生的重力波越大。

📦 如何檢測重力波

如果前面的內容還沒把孩子弄糊塗，那麼就進入最後一關吧！緊接著，我又問了憨憨一個問題：「你知道我們要如何檢測重力波嗎？」如果兩個人面對面站立，正常情況下，兩人之間的空間變化，我們是沒辦法感覺到的，但是光可以感覺得到。

所以科學家製造了一個設備，它的長和寬相等，當重力波穿過時，一側被壓縮，另一側被拉伸，設備裡的雷射就能發現空間扭曲。這就是重力波被檢測到的原理。這一階段能讓孩子明白，雷射可以檢測到重力波。不知父母和孩子們也了解什麼是重力波了嗎？

如何用藝術思維
教科學

　　憨憨剛在美國上課時，每隔一段時間就會帶一堆 DIY 作品回來，我當時很納悶為什麼上課要做這麼多手作，後來老師跟我說她實行的是 STEAM 教育，「A」指的就是「Art」（藝術），她想透過「Art」（藝術）把「Science」（科學）、「Technology」（技術）、「Engineer」（工程）和「Math」（數學）的內容呈現出來，這樣孩子學習理工科知識才會更有興趣。

　　那天和老師的談話讓我感觸很深，我所接觸的理工科世界是沒有顏色的，我們整日沉浸在公式、定理、實驗中，從來沒有想到原來理工科世界也可以這麼多彩多姿。

　　我曾經聽過蘋果創辦人賈伯斯在史丹佛畢業典禮上的一段演講，他說他年輕的時候從學校退學，只是因為想上喜歡的課，而藝術類課程就是他喜歡的課程之一。正是因為賈伯斯對藝術的這份喜愛和執著，後來在設計智慧手機的時候，才會融入優雅簡潔的設計風格，開闢了一個輝煌的時代。

　　或許是因為賈伯斯的成功，藝術才成為全美科技創新所追求的目標，因此，為了讓孩子未來能更融入這個時代，藝術啟蒙也非常重

要，而藝術教育在美國教學體系中也越來越重要。

　　傳統意義上的藝術就是畫畫、音樂、手工等，似乎游離於其他體系之外，其實不然，藝術可以和別的學科完美融合。我平時和憨憨做過很多藝術和科學相結合的創意遊戲，下面我結合自己的經驗，和大家分享一下如何用藝術的方式在家裡教孩子學習科學。

利用藝術教天文

　　孩子們對於星空都很沉迷，我家憨憨也不例外。某個週末他突然說想看著星星睡覺，於是我就跟他一起打造了一片「星空」。

　　我們在一個小盒子裡放入電池和燈泡，然後憨憨選了一個自己喜歡的星座——處女座，並在一塊黑色面板上用針戳出星座的輪廓，再用蠟筆將戳出的洞連接起來，一個星座的模型就出來了。然後用導光柱將洞口和小盒子裡面的燈連接起來，目的是讓盒子裡的燈光透過導光柱傳遞到外面，最後關燈，在漆黑的環境下，就能看到星座閃閃發光啦！

　　在這個「星空」的製作過程中，憨憨借了好多關於星空的書，自己研究起星座，還閱讀了處女座的故事，這大大激發了他對天文學的興趣和求知欲。

　　如果要在家引導孩子學天文，我的建議是從認識星星入手，以下幾個方向可以參考：

- 認識星座：每個星座背後都有一個神話故事，透過了解故事可以增

強孩子對於星座的興趣。此外，星座就是幾個抽象的點，用線連起來勾勒出一個大概的形狀，可以鍛鍊孩子的藝術想像力。

- 認識太陽系八大行星：可以透過手作或繪畫來加深理解。
- 認識月亮和地球的關係：這個主題可以做一些月相方面的藝術創作，例如憨憨的老師就曾讓學生們畫月相。

🔳 利用藝術教機械

很多孩子到了四五歲後就會開始對機械、馬達產生興趣，運用機械、馬達可以做出很多有趣的小實驗，例如我曾經跟憨憨做了一個藝術品盤子。

我們用的是 LittleBits 的一套電子積木，選擇它是因為它有馬達和轉輪，當然樂高也有馬達和轉輪。憨憨先找來一個紙盤，將馬達和轉輪覆在紙盤下方。然後憨憨握住一支筆，保持姿勢不動，此時轉輪在下面緩慢轉動，這樣就會在紙盤上畫出一圈圖案。如果筆尖稍微移動一下，那麼就能畫另外一個同心圓。這個過程孩子可以自己發揮創意，用不同顏色的筆創作出多彩的藝術作品。

如果在家引導孩子學機械，我的建議是和現有的積木結合起來，例如樂高。樂高本身有很大的藝術創作空間，它可以作為一個媒介，將孩子對機械的認知和學習完美地結合起來。採用樂高學習機械有以下兩個方向：

- 利用樂高現有的機械組：樂高有兩個和機械相關的系列，一個是樂

高的機器（Machine）系列，它提供了一堆齒輪、轉軸和槓杆，可以讓孩子熟悉機械。另一個是樂高的技術（Technic）系列，它提供現成的組裝方案，可以組裝機械車、飛機等，也很有意思。

- 利用樂高現有的積木，結合一些非樂高的零件，一樣能達到很好的效果。

例如我以前和憨憨買了一些配件，結合樂高積木做了一個音樂盒送給憨媽做生日禮物。憨憨透過 DIY 音樂紙，搖動的時候會播出生日快樂歌曲，非常酷！

利用藝術教科學

藝術和科學常常是聯繫在一起的，利用藝術可以幫助孩子認識科學的美。有段時間憨憨對電影的製作過程很感興趣，一直問我是怎麼做的。我告訴他，電影是根據人的視覺暫留所製作的，為了讓他明白這個原理，我帶著他做了以下的實驗。

我列印了一張光柵，準備了一個齒輪合成圖，將光柵在齒輪合成圖上移動，奇跡發生了，齒輪動起來了。其實，只要多留意、多思考，生活中我們就可以和孩子利用一些物理原理製作出藝術品。

關於這方面的訓練，我建議父母可以多帶孩子參加科技展、藝術展等，或是帶孩子去科學館、美術館等地方。孩子看過許多藝術作品後，不僅能夠懂得欣賞藝術之美，激發起對科學的探索欲、求知欲，還能提升他們的創造力。

孩子的學琴之路，
父母要全程參與

　　很多父母都會讓孩子學樂器，我身邊的朋友十個有九個為孩子選擇鋼琴，我家憨憨在六歲多時也開始了鋼琴學習之路。憨憨的鋼琴老師第一次看到我們的時候說：「鋼琴值得好好練，有了鋼琴的基礎，以後學什麼樂器都能快速上手。」其實我們並沒有一定要孩子將來能達到什麼程度，只是希望透過鋼琴訓練，讓他打下一個良好的音樂基礎。然而，應該每一位家長都能深深感受到，每天陪孩子學鋼琴是一場艱辛的「戰鬥」。

挑戰孩子的耐心

　　剛開始學鋼琴那幾天，憨憨興奮到不行，一直說好喜歡彈鋼琴，每次去學校彈琴都彈得都很不錯，也常受到鋼琴老師的誇獎，憨媽也聽得心花怒放，於是我們很快就決定買一架鋼琴放在家裡。可是自從幾萬塊錢的鋼琴買回家後，一切就變了樣，一開始憨憨還有一點新鮮感，每天能堅持彈半小時，接著練琴時間就慢慢減少，有時候曲子只練了一遍，有時不催促他就不會去彈，很明顯的，他進入了倦怠期。

當孩子進入倦怠期的時候，如果我們逼著他練琴，孩子往往都不會順從，反而會出現會各種拖拉和磨蹭，經過長期的「鬥爭」，我跟憨媽總結了幾個經驗：

• **貼紙獎勵**：我們準備了一堆貼紙，每次他彈得不錯，我們就會在這首曲子上貼一張貼紙，慢慢的每一頁都貼了好多貼紙，這種方式確實能增加他的積極度。

• **制定計畫**：每天憨憨下課後我都會問他：「你今天的計畫是什麼？」然後他會告訴我他有哪些任務需要完成，包括需要做什麼作業，大概什麼時間完成。而彈鋼琴就是每天任務的一部分。我們之間已經達成一種默契，他完成任務後我會獎勵他玩一下 iPad 遊戲，但遊戲時間不要超過二十分鐘，具體時間根據他任務完成情況來定，這種方式也能督促他每天練琴。

🗄 培養孩子的抗挫力

有時候一首曲子太難，憨憨怎麼彈都彈不順，他就會更著急彈得更快。我們跟他說：「不要急，慢慢地彈就好沒關係！」但是他總是聽不進去，一心想著要和老師彈得一樣快，可是欲速則不達。

後來他會大聲地敲琴鍵，然後往地上四腳朝天一躺說：「我放棄！」每當這時，我們的應對措施就是先平復他的情緒，憨媽會拿一些小點心給他吃，喝些果汁，讓他忘記不愉快，等心情平復後再繼續彈。

此外，我們還會讓他練習出錯的地方，針對一首曲子較容易出錯的地方反覆練習，最後克服容易出錯的地方時，他就會非常有成就感，自信心也會增強很多。

有時候明明是自己彈錯，但是他很倔強，一直認為自己是對的，不太容易接受意見。例如憨媽每次跟他說手腕姿勢不對，或是彈的節奏太快，他也不願意承認，總是堅持自己是對，溝通起來總是特別累人。

後來我們會在他每次彈琴結束前來個小考試，考試時會用手機錄影，把今天練的幾首曲子都錄下來。如果發現不對的地方，就會用影片佐證，他才慢慢學會了接受別人的意見，以及反省自己的不足。

陪練是必要的

很多家長會問孩子學鋼琴，父母需不需要在現場陪課？課後是否要陪練？我認為如果孩子自覺性沒有那麼高，特別是孩子還小的時候，陪練是必要的。

憨憨剛開始學琴的時候，每次憨媽都會陪課，所以老師教的任何內容，憨媽都很清楚，而且有時候老師彈鋼琴的示範她也會全程錄影。在憨憨初學鋼琴的時候，這個陪伴的作用特別大。

例如剛開始時練琴要背誦音符，老師發了一堆音符卡片，要求看到正面的音符，就能知道背後的具體是什麼音。老師說這些音都是要熟背的。於是憨媽每天在憨憨練琴後都要抽幾分鐘讓他背音符卡。

因為有家長的全程監督，所以憨憨背音符卡的速度也特別快，老師每堂課都會檢查學生的背誦情況，憨憨的速度是所有學生中最快的。倒不是說他多聰明，而是有家長的陪練，因為只有陪練才能讓他更好地執行老師的要求。

後來憨媽因為生二寶不能陪憨憨一起上課，而且憨憨每晚練琴，憨媽也經常缺席。結果過了一段時間，老師傳了一個訊息跟憨媽說憨憨表現不好，她叮嚀的動作經常做得不到位，交代的練習也完成得不好。憨媽當時就很著急，她問憨憨：

「老師有說這裡要彈慢一點嗎？」

「有。」

「那……怎麼沒有做到呢？」

「忘了……」

幾個問題問完後，憨媽下定決心，恢復陪課、陪練的模式，結果效果出奇地好。其實我們心裡都明白，孩子彈琴彈得好不好，並不在於他有多少天賦，而是取決於父母能否付出足夠時間與用心。對我來說，練琴就是不斷培養孩子意志、鍛鍊逆商的經歷，也是不斷培養父母耐心的過程。

如何引導孩子的繪畫興趣

從憨憨在美國上學的第一天起，我就發現一個很奇怪的現象，美國老師非常喜歡讓學生畫畫。憨憨從幼稚園的塗鴉，到現在三年級的作業大部份都是畫畫的形式。有一次我問了憨憨的老師，她告訴了我答案。

- 畫畫對孩子來說，可以鍛鍊運動能力及手眼協調能力，這是他們運動能力訓練的一部分。
- 畫畫過程是對知識的一個總結和提煉，例如上次他的作業中要介紹犰狳，只有當孩子畫出來後，他們才會更清晰地認識到這個動物的爪子長什麼樣子，身體有那些器官，有什麼特質等。
- 提高孩子的藝術素養。
- 鍛鍊孩子的想像力。
- 提升孩子的專注力。這點在憨憨身上特別明顯，每次他只要開始畫畫，就會自動進入安靜模式。畫一幅畫需要幾十分鐘，他會非常有耐心地勾勒線條、著色。

憨憨非常喜歡畫畫，有一次我帶他去史丹佛大學藝術博物館，他就情不自禁拿起畫筆臨摹東南亞一座古老的圖騰雕塑。畫畫對孩子最大的幫助是讓他自信和快樂。每當他心情不好的時候，靜下心來畫一幅畫，就會變得快樂起來。

孩子學畫畫的各個階段

一～二歲

二歲以下的孩子，一般能做到以肘為軸心的左右往返運動，肩和肘也開始有流暢的協調運動。憨憨那時候就特別喜歡畫圓，雖然圓圈很不圓，也常常沒有閉合，但仍然是樂此不疲。

這個年齡層的孩子可以用馬克筆或蠟筆，不用給他太多顏色，只要給他幾種喜歡的顏色就好。

二～四歲

二歲的孩子手部肌力慢慢增加，已經可以用指尖捏東西，這代表他們的手腕控制力會變得更好。畫畫的時候，孩子會一邊注視著指尖，一邊繪畫，他們會目測線條的走向，進而引導手指的動作。

此階段可以明顯看到孩子畫的圓變更圓了，孩子的語言能力隨之提高，他會對自己的繪畫增加描述。例如憨憨會畫幾個圓說：這是湯包，畫了幾個大小不同的圓，說這是爸爸、這是憨憨……父母應該鼓勵他們的創作，並試著讓孩子多描述畫面的意思。

四～六歲

這個年齡的孩子因為手部肌力增強，畫畫不再局限於畫圓圈，而是融入線條，例如畫人，他們會用線條來代表手臂、大腿，也會在頭上畫幾條線代表頭髮。而且他們開始對著色非常感興趣，喜歡將不同

的物體用顏色來區別。他們喜歡畫大腦裡想像的物體，有時候雖然畫面和現實有些差距，但那正是他們的小腦袋最真實的印象。

例如以前憨憨畫媽媽的時候，把嘴畫成了一個大大的圓，結果憨媽問他：「媽媽的嘴巴有那麼大嗎？」結果憨憨說因為媽媽的話比較多，所以把嘴畫大一點。

這個階段孩子的畫風會比較奇特，不過請不要糾正他，而且家長也需要傾聽孩子對作品的想法。可以多選購各種不同的畫筆，例如彩色鉛筆、蠟筆、水彩筆等讓孩子發揮。

六歲以上

從六歲左右開始，孩子就可以畫基底線，幫事物建立秩序，形成 2D 空間排列的表達方式。所謂基底線指的是孩子畫的水面的線、地面的線、山的輪廓線、樓房的窗戶隔層線、汽車和飛機輪廓線等。

憨憨就是在這個年齡層開始上美術興趣班，老師一開始就是讓他們畫物體形狀，用彩色鉛筆將物體的基底線畫好。對於畫人物來說，孩子以前都是畫人物的正面，這個年齡層的孩子可以開始畫人物的側面以及背面。

當 2D 物體畫得比較熟練後，可以逐漸帶入對 3D 物體的描繪。學會陰影處理，用不同的陰影代表光線的落差，進而反映出物體 3D 的樣貌。

這個年齡的孩子，繪畫會以彩色鉛筆為主，也會加入一些水彩。他們喜歡觀察生活並用畫筆來描繪生活，因此多帶孩子出去踏青，多

讀繪本故事給孩子聽，可以激發他們的創作靈感。

陪孩子畫畫的秘訣

憨憨在美國上藝術班也有一年多了，每週看到他帶回家的作品我們都會有幾分感動，美國老師的確有很多引導孩子的方法值得我們借鑒。

創造力的培養

美國老師非常鼓勵孩子們自由創作，每堂課老師都會給孩子們定出一個創作主題，每個主題會有一些關鍵字，只要孩子的畫中表達出這個關鍵字就好，表現形式不限。這樣會給孩子們非常大的發揮空間。

有一次，老師讓孩子們以杯子為主題，憨憨畫了一座燈塔，塔身是由四個杯子疊加而成。這個創作靈感源於之前我們帶他去海邊玩，他發現海邊的燈塔一層一層的，很像大杯子套小杯子。

還有一次，老師發給每個孩子一張紙，紙上畫了一個空瓶子，讓孩子們以空瓶子為模型來畫畫，結果憨憨就畫了一個瓶子裡的世界。這種培養方式需要父母不斷激發孩子的創造力，不要逼著孩子照著書本描繪，而是鼓勵孩子結合一兩個不同的元素進行大膽創作。

培養邏輯性和語言能力

老師鼓勵孩子們用畫筆創作故事，她經常給孩子們八個空白方框，讓他們在方框裡創作一幅連環畫，主題也是讓孩子自己發揮，其實就是用畫筆來寫一個故事。

美國人的藝術創作不僅要畫出來，而且要說出來。當孩子們都畫完後，老師都會留幾分鐘交流時間，讓大家輪流介紹自己的作品。如果某個孩子不擅言辭，老師會引導他多說，並結合畫裡的場景引導孩子回答：「他們在做什麼？」「他喜歡的食物是什麼」等。

透過這些問題，不但能刺激孩子的思考，幫助孩子提高繪畫水準，還能鍛鍊他們的口語表達。多為孩子培養一些藝術細胞，這樣他們更容易發現生活中的美，也會更熱愛這個豐富的世界。

美國人為 π 設定節日，激發孩子的藝術興趣

圓周率 π（英文念 pi），世界上很多國家把每年的 3 月 14 日定為「圓周率日」（Pi Day），同時這一天的下午 1 點 59 分就是歡迎 π 的最佳時間點。美國有很多學校、家庭或組織會在這一天舉辦各種慶祝活動。你知道嗎？ π 不僅是一串數字，而且也為我們帶來藝術和音樂之美。

貪吃鬼篇

對於貪吃鬼們來說，在 Pi Day 最喜愛的慶祝活動就是做一個「派」了（一種類似蛋糕的烘焙點心），因為派的發音 Pie 和 π（Pi）一樣。美國的 Instructables 網站每年都會舉辦一場「做派比賽」（Serious Eats Pi Day Pie Contest），參賽的派也是五花八門。有一年的冠軍作品，作者用整整一百零一個小的派堆成了一幅圖，每個派上都有一個數字，按照 3.1415926……的順序排列下去，中間還用不同的顏色勾勒出 π 的模樣。

藝術篇

　　美國有些學校還會教孩子如何將 π 融入藝術中。對幼兒來說，理解 π 的定義實在太難了，你只需要告訴他，π 是一串無窮無盡的數字與圓形相關，這樣就足夠了。

方法一

❶ 準備十支不同顏色的畫筆，為 0～9 定義不同的顏色。
❷ 在一張白紙上用鉛筆輕輕勾出方格，在每個交點上按照 3.1415926……的順序依次塗上每個數字所代表的顏色。
❸ 將方格線擦掉就變成了一幅美麗的圖案。

方法二

❶ 先用鉛筆畫上一個圓，將這十種顏色均勻地在圓上著色。
❷ 按照 3.1415926……的順序依次將這些數字用線連起來。
❸ 將圓擦掉後，就可以得到一幅抽象的圖畫了。

　　透過這樣的方式，孩子就能將 π 轉化成美麗的藝術圖案了。

音樂篇

其實 π 的美不僅僅體現在圖案上，還體現在音樂裡。

如果將 0～9 這十個數字都配上一個相應的音符，然後 π 的數字集合就會變成一串美妙的旋律。如果配合鋼琴演奏出來，會非常動聽。難怪憨憨的鋼琴老師說，數學和音樂是相通的。

喜歡汽車的孩子，
千萬別浪費他的天賦

很多孩子對機械非常感興趣，他會不斷地去旋轉齒輪，著迷於那些齒輪的聯動；他們喜歡玩汽車、飛機，尤其很喜歡看輪子滾動；他們會喜歡一切能發射的玩具，例如會射出子彈的玩具手槍和扔出石頭的投石機……。

如果你的孩子擁有這些特質，那麼首先恭喜你，你的孩子有很強的科學探索欲，這些特質對孩子將來學習數學、科學有莫大的幫助，而且孩子的思維很活躍，創意也會很好，願意去嘗試各種新事物。

相對的家長在育兒時的挑戰性也較高，因為孩子會經常問一些問題，不斷挑戰父母的智商，往往當孩子產生興趣後，家長就要進一步陪孩子做一些實驗，再配合原理的說明，這樣才能提高他們的能力，加深對科學的理解並增強興趣。

當孩子表現出對某項事物有興趣時，就是引導他學習的最好時機。如果這個時機沒有把握住，那麼過了一段時間後孩子就會感到厭倦，進而轉移興趣，我們也錯過了挖掘孩子天賦的最佳時刻。

憨憨對機械很感興趣，從二歲開始每天都說要「玩車車、玩車車」，家裡也買了一大堆汽車玩具，都可以開一個車隊了。有一段時

間，他對自行車的車輪轉動也非常好奇，便經常用手去搖腳踏板，就是為了看看車輪是怎麼轉的。

那麼，家有喜歡汽車、喜歡機械的孩子，家長應該怎麼引導呢？可以讓孩子學習那些相關知識及實驗呢？我看過一本《用簡單的機械做科學實驗》（Science Experiments with Simple Machines），這本書詳細地介紹了孩子可以玩的機械知識。

生活中最常見的槓杆原理

生活中經常會用到槓杆原理，有一次，我讓憨憨自己打開一罐飲料，可是扣環很緊，因為力氣不夠所以拉不動。於是，我給他一個螺絲起子插到扣環下面，讓他再試一次，結果他很輕鬆的就打開了飲料罐，我跟他說：「這就是槓杆原理。」

教孩子槓杆原理，有三句話能讓孩子馬上明白槓杆的核心思想：「找一個支點、施加一個力道、舉起一個東西。」下面這三個類型的槓杆小實驗，不妨和孩子一起玩玩看。

抬起實驗

〔實驗材料〕一把湯匙、一支筆、一個裝滿東西的盒子

〔實驗步驟〕

（1）將筆放在盒子前三公厘處。

（2）將湯匙放在筆上，湯匙頂部放在盒子下方。

（3）慢慢下壓湯匙，看看能否抬起盒子？感覺容易還是困難呢？

（4）再換一把長度不一樣的湯匙，做同樣的實驗，然後比較一下哪把湯匙更容易抬起盒子。

關門實驗

〔實驗材料〕一扇門、三張貼紙

〔實驗步驟〕

（1）將貼紙貼在門上的不同部位，分別是 A、B、C（如下圖）。

（2）將門打開，然後用一根手指推 A，把門關上。感受一下是否容易關門。

（3）重複這個實驗，推 B 和 C，感受一下推不同的點時關門是否容易。

（4）比較一下從哪個點最容易推門，哪個點最難？

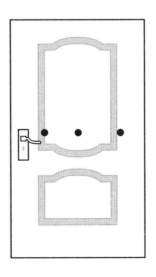

釣魚實驗

〔實驗材料〕一根竹竿、一支水筆、一把尺、一條繩子

〔實驗步驟〕

（1）在竹竿盡頭綁一條繩子，繩子下吊一袋重物。

（2）從竹竿另一頭開始，分別標出 25mm、50mm 和 75mm。

（3）右手抓住竹竿盡頭，左手抓住 25 mm 處，抬起重物，感受
一下是否容易。

（4）重複上面步驟，分別抓 50 mm 和 75 mm 處，感受一下是難
還是容易。

這三個實驗其實從不同角度闡述了一個道理，發力點距離支點越
遠，對於抬起同一個重物而言所需要的力道就越小。它讓人可以用更
小的力舉起更大的重量，更加省力。掌握這些之後孩子就能對槓杆原
理有基本的概念。

■ 玩玩齒輪

齒輪是一個很有意思的玩具，非常受孩子歡迎。如果想帶孩子了
解齒輪，最簡單的道具就是自行車。我曾經將自行車倒放在地上，然
後讓憨憨用手轉動腳踏板，就能看到踏板帶動鏈條，最後輪子也轉動
起來。憨憨對此充滿了好奇，搖著踏板轉個不停。

家長如何引導孩子對於齒輪的好奇心和興趣呢？想一想當孩子在
玩齒輪的時候，他考慮過齒輪的轉動方向嗎？當一個齒輪在順時針旋

轉的時候，旁邊的那個齒輪轉動方向如何的呢？

可以做做下面這個實驗。

（1）將二個齒輪緊挨著放在一起，轉動第一個齒輪，然後看第二
　　　個齒輪的轉向，和第一個齒輪比較一下，是否一樣。

（2）將三個齒輪緊挨著放在一起，轉動第一個齒輪，然後看第二
　　　個和第三個齒輪的轉向，和第一個做比較是否一樣。

（3）嘗試一下四個齒輪的情況，最後畫一張下面的圖，看看每個
　　　齒輪的轉向如何。

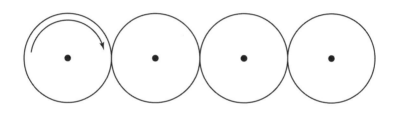

　　　齒輪是鐘錶、水車等各種機械的基礎。而樂高的機械組提供了一
堆齒輪，可以完成很多創意作品。只要孩子掌握了齒輪，就可以做很
多有趣的小玩意了。

看看輪子

　　　每個孩子都會有玩具汽車，汽車最大的魅力之一就在於那四個輪
子。做這個實驗之前，我們先問孩子一個問題：「為什麼需要輪子
呢？」接著來看看下面這個實驗：

（1）拿一塊磚頭，在平地上推，看看向前推動是否容易。

（2）將一些蠟筆放在磚頭下方，然後再推，看看向前推動是變容易了，還是變難了。

（3）找一個盒子，下面裝上四個輪子，然後再把磚頭放進去，看看推起來是變容易還是變難了。

　　做完這個實驗後，孩子就能回答之前的問題。輪子帶來的益處是幫助物體更輕鬆地向前移動，這樣孩子也掌握了對輪子的基本概念。

矽谷工程師爸爸眼中的 STEAM 教育

STEAM 教育是美國很流行的一種教育理念，已納入美國中小學教育制度裡，它是集結科學、技術、工程、數學和藝術於一體的創新教育法。

一堂展示課
讀懂美國 STEAM 課程

美國前總統歐巴馬曾將 STEAM 列為美國學生的教學重點，包括史丹佛、柏克萊等在內的各大頂級學府都專門設立了 STEAM 研究中心，開始研究 STEAM 教育。

我有幸碰見過史丹佛大學一位專門從事 STEAM 研究的教授，我很好奇問他：「STEAM 教育涵蓋的內容太廣了，包括物理、化學、天文、地理、機械、生物、電腦等一大堆內容，可是教學大綱並沒有規定該教什麼，你們準備怎麼教呢？」

教授笑說：「其實沒有那麼複雜，現在流行的教學方法都是將 STEAM 融入項目當中。」接著他讓我看了一堂史丹佛教育學院為兒童設計的教學課程。

STEAM 兒童課程的第一部分

這堂課的專案主題是火箭計畫，一開始老師會為學生介紹一下火箭、太空人，以及太空人的登月計畫（Lunar Mission）。緊接著，就有學生很好奇地問：「月亮不是 Moon 嗎？為什麼是 Lunar 啊？」

老師告訴他們，Lunar 這個名字來源於羅馬的月光女神，所以很多和月亮有關的詞語都用 Lunar 來表示。

透過開場的項目背景介紹教孩子天文學知識，認識火箭的功能、太空人的職責、登月計畫等。同時透過和孩子的互動，向孩子說明單字以及相關的歷史知識。

STEAM 兒童課程第二部分

老師接著說：「既然要登上月球，太空人必須要有食物和水，這些補給需要事先放在火箭裡。補給的量不能太少，否則太空人會餓死或者渴死；也不能太多，否則火箭裝不下。那麼該如何合理安排補給的數量呢？」

於是，老師給出本次專案的主題是：設計一枚火箭能攜帶太空人登陸月球，要求合理規劃食物和水的數量。假設登月計畫是五天，如果想規劃補給數量，需要事先知道哪些資訊呢？

老師發給學生們一些白紙，讓他們列出所有相關的資訊，有人寫了太空人數量，有人寫了太空人每天吃多少食物，有人寫每天消耗多少水……緊接著，老師把學生們頭腦激盪出的資訊都綜合起來，就得到估算補給用量的所有線索了。

這個過程鍛鍊了孩子解決問題的能力，讓孩子自己尋找解決問題的方法，同時小組討論也能提高孩子的團隊合作能力。

📦 STEAM 兒童課程第三部分

接下來，老師給學生三張線索卡片，一張卡片寫著太空人名單，另一張卡片寫著太空人每天消耗水和食物的數量，還有一張卡片寫著火箭目前擁有的補給數量。接著要求孩子根據五天的登月計畫來計算總共需要多少水和食物，還需要多少補給。

這一部分其實就是數學知識的具體運用，在一個實際的場景中，學會運用加減法以及乘法來解決問題。

📦 STEAM 兒童課程第四部分

最後老師畫了一個空的火箭，旁邊放了一堆火箭需要裝載的物品，包括食物、水、油箱、太空人座位、火箭頭、火箭尾等，並讓學生們根據之前規劃的補給量，把相應的物品都塞到火箭裡，做成完整的火箭。

這一步可以讓孩子學習火箭的內部構造，同時根據構造合理規劃內部區域安排，不但靈活運用了數學知識，而且也學習到科學和工程方面的知識。

橄欖球博物館裡的 STEAM 課

體育和 STEAM 學習能結合在一起嗎？答案似乎是「NO」，但是憨憨學校有一次安排的體育館一日遊活動，讓我徹底改變了看法。看著孩子收穫滿滿的表情，我發現如果適當引導，體育和學習完全可以結合的。

在矽谷，有一個著名的橄欖球球隊叫作三藩市 49 人隊（SF 49ers）。這個球隊的主場就在我的公司旁邊，每次有重大比賽的時候，門口的汽車就能堵上幾百米。49 人隊還特地在球場裡開闢了一塊區域做為博物館。

博物館不算大，主要針對兒童和家庭，一方面宣傳球隊的文化，另一方面是用橄欖球來傳播 STEAM 教育。憨憨的學校就曾讓學生參觀這個博物館。孩子們在入館時，每個人都會發一本名為 SF Museum Learning Playbook 的練習冊，老師會結合這本練習冊帶孩子參觀。透過這本練習冊，我才知道一項普普通通的體育活動竟然蘊藏這麼多的知識，冊子裡提供的教學方法對我們日常輔導孩子非常有指導的意義。

尋寶式活動

有一項活動叫作尋寶 ABC，活動的目的是讓孩子在博物館裡找出 A～Z 這二十六個字母開頭的單字，然後將單字記錄下來。我跟憨憨說：「這個活動很容易，不就是找二十六個單字嗎？」

「容易？」憨憨叫了起來，「有些字母很難找耶！」

憨憨跟我強調，說他在博物館裡為找這個「V」開頭的單字就費了好長時間，最後還是在一個不起眼的賽事介紹裡，發現一個叫作「Victory」的單字，這才完成任務。

我又問他：「你之前認識 Victory 這個單字嗎？」

他搖搖頭說不認識，但是他緊接著強調，說現在不光認識了，而且還會讀和寫了呢！這就是尋寶式活動的優點，一來簡單易行，二來能夠幫孩子累積單字量，還順便鍛鍊他們的專注力和探索欲。

閱讀理解類活動

旅遊時，無論是博物館還是風景區，一路上都有很多的文字介紹，我們可以利用這些文字介紹來鍛鍊孩子的閱讀理解能力。

有一種活動就是讓孩子看一段關於這個景點的文字，然後回答幾個小問題。例如憨憨的老師就讓學生們讀了一篇關於一個孩子如何準備橄欖球比賽的小短文，之後就讓孩子們複述這個小故事，並回答以下問題：

- 根據文中的介紹，問孩子們玩橄欖球需要什麼設備。
- 打橄欖球要做什麼訓練。

　　這個過程就是對孩子閱讀理解能力的一種訓練。

藝術類活動

　　這類活動很有意思，它往往聚焦一個很小的點，然後就能延伸出一項藝術創作活動。就像打橄欖球，孩子能看到很多線條，例如球場上的分界線、教練戰術板的指揮線等，但是線條有很多種：從方向來分，有垂直線，有水平線，有對角線；從類型來分，有鋸齒狀線，有曲線，有虛線；從粗細來分，有粗線，有細線。

　　相關的藝術活動就是讓孩子根據不同線的範本，學會畫各種各樣的線條。這個過程就是訓練孩子的藝術基本功。

數學類活動

　　數學類活動想像空間很大，可以簡單也可以很複雜，我們來看一個例子。橄欖球場都有數字的刻度（代表距離），所以老師先讓學生們透過球場刻度來認識數字，這就是一個很簡單的玩法。接著老師提供了一些數字，讓學生在球場的地圖中尋找出來。憨憨又一次跟我強調說，老師報的數字很不容易找出來。

因為球場上的數字刻度都是以 10 為單位的間隔，所以顯示的是 10、20、30 這樣的整數，可是老師讓他們找 44、15、23 這些數字，那麼他們就需要知道刻度的概念，然後才能找到精準的位置。這個就是數學中測量的概念。家長只要利用好生活中的一些數字再結合創意，就能幫孩子做好數學啟蒙。

科學類活動

　　科學類活動中也有很多知識可以探索，例如玩橄欖球一定會運用到物理中「力」的概念。

　　關於「力」，老師會給學生們講兩個動作，一個是推，另一個是拉，然後老師就會讓學生看一組動作，讓他們說出這個動作是推還是拉。接著老師又進一步給學生們講，每個力都是有方向的，如重力的方向是向下，舉力的方向是向上。

　　介紹完後，老師就給了學生們右頁這張圖，要求他們寫出一個橄欖球在不同方向的受力類型。這就是物理中力學的基礎。

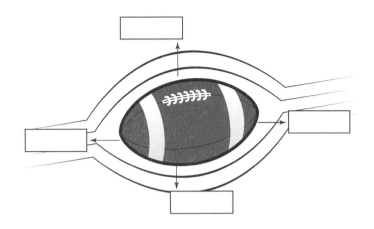

　　所以如果細心觀察，一個小動作都能延伸成一個科學的知識點。憨憨對於這次橄欖球博物館之行感到非常滿意，我把他從學校接回家的一路上，他就一直不停跟我分享他的收穫，還不斷提問：

　　「你知道橄欖球頭盔用的是什麼材質嗎？為什麼會選用這種材質呢？」

　　「你知道體育館為什麼要用太陽能板嗎？在什麼位置鋪設太陽能板是最好的？」

　　「你知道橄欖球該怎麼扔嗎？什麼姿勢能使球扔得最遠呢？」

　　當我表示不知道時，憨憨就會很得意，然後他會將這次參觀中學到的知識解釋給我聽。聽著憨憨的描述，我不禁被美國教育中的細節所震撼了，我從來沒想到，一項體育活動能和科學、數學、語言等諸多知識點結合得如此完美。實際上，美國老師很喜歡將生活中的一些細節變成一個個知識，用遊戲的形式將知識傳授給孩子們，而孩子們也非常享受這種教育的過程。

從 STEM 到 STEAM，
藝術怎麼教

很多朋友都在問我美國的 STEM 教育是什麼狀況，STEM 是 Science（科學）、Technology（科技）、Engineer（工程）和 Math（數學）的統稱。其實近幾年來，美國學校已經逐漸用 STEAM 這個名詞代替了 STEM，而多出來的 A 就是 Art（藝術）。

其實藝術和 STEM 和數學原本就是緊密結合的。我認識一位史丹佛的教授，他原本是數學系博士，當他發現自己的很多數學理念應用於藝術會產生很多神奇的效果時，他又進修了藝術，現在是史丹佛設計學院的教授。他跟我說：「數學和藝術是相通的，數學能為藝術提供創作靈感，而藝術又能培養孩子的創造力、想像力和自信，所以兩者相輔相成。」

人腦的分工也反映了這個道理，人的大腦分為左腦、右腦兩部分，左腦負責數學，右腦負責藝術，當左右腦一起開動時，人才能最大限度地激發創作靈感。下面我們來看看在美國課堂是如何結合數學和藝術的。

🔳 數字中的藝術

著色是孩子最早接觸的藝術活動之一，而給數字著色是數學和藝術結合最簡單的形式。憨憨剛上幼稚園的時候，老師每天都給他們一張數字著色紙（圖中每個數字代表一種顏色），讓他們在著色中認識數字，或者根據數字連線，他們可以透過這種方式學習數字、認識順序。

不要以為著色很簡單，其實著色只是一種形式，透過它激發孩子學數學的興趣，但是數字的內容可以千變萬化。

🔳 方塊中的藝術

在兒童數學啟蒙的初期，方塊是孩子最早接觸的圖形之一。你知道嗎？不同顏色的方塊組合在一起能產生迷人的藝術效果。

荷蘭著名畫家皮特·蒙德里安特別擅長用方塊來進行創作。他的風格是選一些基礎色塊，在一些方塊上著色。所以，有些老師就會讓孩子借鑒蒙德里安的風格進行創作，一邊認識圖形、一邊熟悉顏色，一舉兩得。

3D 中的藝術

憨憨的美術老師在教孩子們畫 3D 圖形時，便是先從簡單的正方體入手。一般來說，正方體呈現給我們的是正面、上面和側面三個面，如果孩子能透過這三個面感知到正方體，那麼他的空間思維感就初步建立起來了。

當掌握正方體後，老師會給他們一張畫滿正方體的格子紙，讓他們在裡面著色，要求每個正方體的正面、上面、側面都用不同的顏色，然後疊加起來。

在這樣的練習中，孩子能不斷增強空間感，這對於形成幾何思維和邏輯思維大有裨益。

對稱中的藝術

對稱是數學中一個重要的概念，對於幾何、邏輯的學習尤為重要。而在藝術中，對稱也是一個重要概念。

在學校裡，老師也是透過藝術來讓孩子學習對稱的，他們會給每個學生發一張著色紙，上面有對稱的圖案，要求學生著色時講究對稱，也就是左右兩邊顏色得一致。老師還會布置一個團隊專案，要求用彩色的三角形紙板沿著對稱軸拼出一幅對稱的圖，由學生們合作完成。

平面填充中的藝術

平面填充就是一堆幾何圖案不斷累積，早在二千二百年前，古希臘的藝術家就開始用這個概念來設計藝術作品。

「平面填充」這個名詞對家長們而言可能有些陌生，但是它在美國的兒童數學裡經常被提及，因為它是學習幾何、邏輯規律的一個絕好工具。

舉個例子，看下面這幅平面填充圖案，畫面完全由左右兩種箭頭組成，孩子在著色的時候需要事先找出規律，例如向右的箭頭，採用某些顏色交替出現的規律依次塗下去。

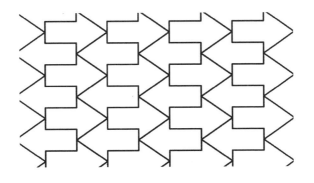

憨憨的老師在教邏輯規律時，會分給每個孩子一堆積木，要求他們自己確定一個規律，然後根據既定的規律將積木拼出圖案來。平面填充也可以很複雜，例如我朋友家孩子的作業，老師就是給了一張格子紙，要求孩子運用平面填充的知識在 4 小時之內設計出一幅作品。

雲霄飛車也是課堂：
數學、科學、藝術都學到

很多家長假日都會帶小朋友去遊樂場，遊樂場裡的雲霄飛車是非常吸引小朋友的，像迪士尼樂園裡就有各種主題的雲霄飛車。

關於雲霄飛車的智力題

在美國，無論大人還是小孩都特別愛坐雲霄飛車，他們非常享受那種尖叫的過程。史丹佛大學的天才兒童項目發佈過一個關於雲霄飛車的主題活動，他們的主旨就是雲霄飛車不能白坐，可以一邊玩一邊學習。

這裡有一道關於雲霄飛車的題目很有意思。

有兩個小朋友，一個叫作 Mark，另一個叫作 Clark，他倆同時設計了雲霄飛車的軌道，兩輛雲霄飛車的高度都是十二米，但是傾斜的角度不一樣，Mark 的雲霄飛車軌道很直，Clark 的雲霄飛車軌道是彎彎曲曲的。

題目問 Mark 和 Clark 同時從自己設計的雲霄飛車上滑下來，誰

先到地面呢？因為在彎曲軌道的車加速會更快，而在直道上的車加速會偏慢一些。所以答案是在彎道的 Clark 更快一些。

玩中學

當然除了上面的智力題，雲霄飛車還能延伸出很多其他活動。

數學和科學的融合

有一天我們帶憨憨去遊樂園玩，發現有位老師帶領了一幫學生坐雲霄飛車，和別人不一樣的是，這幫學生人手一疊作業紙。一問才知道，他們的這次雲霄飛車之旅是一次課堂活動。坐雲霄飛車前，老師先讓孩子們觀察雲霄飛車的軌跡，然後回答作業紙上的幾個問題。

- 雲霄飛車上升和下降的時候，速度一樣嗎？
- 是什麼讓雲霄飛車上升？
- 是什麼讓雲霄飛車下降？
- 什麼時候雲霄飛車的速度是最快的？

等上車之後，老師又要求學生們記錄坐車時的感受，再回答幾個問題。

- 雲霄飛車上上下下了幾次？
- 你的身體感覺被左邊推了幾次？被右邊推了幾次？
- 雲霄飛車爬坡時，有什麼樣的感覺？

- 雲霄飛車下坡時，有什麼樣的感覺？

　　下車之後，老師最後讓學生們再統計一些資料。

- 拿一個計時器，計算雲霄飛車開動的時間，上坡的時間、下坡的時間各是多少。

- 計算一輛雲霄飛車能坐多少個人。

　　整個玩中學的過程中，透過給孩子們的題目，引導他們的觀察，讓孩子們帶著問題去遊玩，讓他們學到了不少物理、數學方面的知識，也加深對以前所學知識的理解。

雲霄飛車主題的藝術活動

　　有些學校會教學生們用紙盤、捲筒紙芯來做一件雲霄飛車藝術作品。美國加州有一所叫作 Anderson 的學校，專門舉行了一場雲霄飛車比賽，比的不是真的坐雲霄飛車，而是做一套雲霄飛車的藝術作品。我們本來以為孩子們創作的作品會很簡單，結果發現孩子們的創造力一個比一個驚人，真令人歎為觀止。

矽谷爸爸的
好習慣養成密技

孩子做事情拖拖拉拉、習慣性依賴父母、不聽話，父母怎麼教總是教不聽？跟矽谷爸爸一起學習寫計畫表、制定合約等方法，幫助培養孩子良好習慣。

用暑假計畫表
培養孩子的生活習慣

暑假是培養孩子好習慣的重要時期，一來能讓孩子養成良好的生活習慣，二來能讓孩子學習規劃自己的時間，三來父母帶孩子也會輕鬆許多。

暑假日程表

許多美國家庭都會幫孩子制定一個暑假日程表，最常見的形式就是把每天什麼時間該做什麼事情一條條列出來，然後將日程表貼在牆上，方便隨時查看。

小孩子的時間觀念還沒有完全形成，所以我們不妨在日程表上先畫上時鐘，將計畫和時間用顏色緊密連結在一起，單純的文字看起來會很單調，所以以用圖片加上文字的方式會比較受孩子歡迎。

還可以將想做的事情一一寫在計畫卡片上，接著將計畫卡片放在一個籃子裡，我們只需要將相關的計畫卡片選出來貼在卡片欄裡面就好了，或是用檢查表的方式，每做完一項就在日程表裡打一個勾。

如果覺得這樣的方式還是太過瑣碎，那麼你還可以嘗試這種以天

為單位的計畫。週一到週五每天都安排一個主題。例如週一安排手作DIY，週二是戶外活動，週三進行知識小搜查，週四幫助他人，週五讓孩子自由發揮做一件有趣的事情。

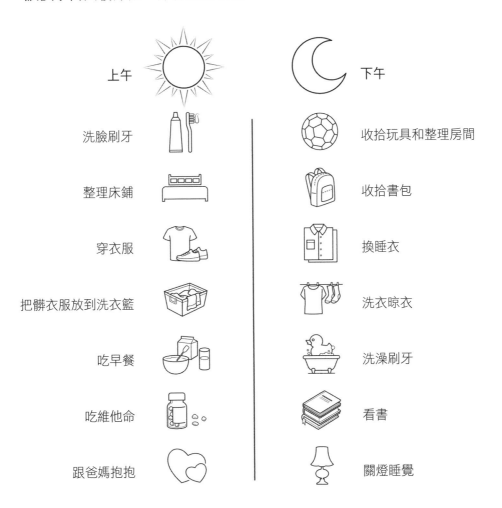

上午

洗臉刷牙

整理床鋪

穿衣服

把髒衣服放到洗衣籃

吃早餐

吃維他命

跟爸媽抱抱

下午

收拾玩具和整理房間

收拾書包

換睡衣

洗衣晾衣

洗澡刷牙

看書

關燈睡覺

「夏日小桶」清單

除了制定計畫外，美國家長和老師還有一種很喜歡的活動叫作「夏日小桶」清單。讓孩子先做出一個小桶子形狀的卡片，然後在卡片上寫出他準備在這個夏天做的事情，卡片都貼在教室的牆上，這也代表了孩子們對這個暑假的憧憬和希望。

關於這個「夏日小桶」清單的內容，美國家長和老師總結了很多有趣、有意義的暑假兒童活動，例如放風箏、至少讀十本書、認識一個新朋友、一次旅行、在石頭上著色，做一道料理等。

有趣、有意義的暑假兒童活動

・結識新朋友	・戰勝恐懼	・至少讀十本書
・打水球	・去海邊	・去公園
・坐旋轉木馬	・放風箏	・收集貝殼
・看煙火	・做更多的事	・烤棉花糖
・去市集擺攤	・枕頭大戰	・玩迷你高爾夫
・自己 DIY 比薩	・建造戶外「堡壘」	・捉螢火蟲
・游泳	・玩滑水道	・燒烤
・看電影	・吃甜筒	・玩雷射遊戲
・進行一次小旅行	・吹泡泡	・摘野花
・在雨中玩耍	・室內露營	・用粉筆畫畫
・捐贈二手衣物	・去冰淇淋店買冰淇淋	・穿越草地上的噴水管

- 玩飛盤
- 看魔術表演
- 種花
- 尋寶遊戲
- 徒步旅行
- 拜訪親戚
- 自製果醬
- 傳球遊戲
- 打保齡球
- 攀岩遊戲
- 去圖書館
- 烤蛋糕
- 吃小吃
- 榨檸檬汁
- 玩呼啦圈
- 做冰棒
- 尋寶
- 跳蹦床
- 去游泳池玩耍
- 去一個新的公園
- 遠離 3C 產品一整天

- 水槍大戰
- 看日出
- 餵鴨子
- 爬樹
- 參觀玩具店
- 幫忙做飯
- 去動物園
- 製作帶泡沫的飲品
- 看戶外電影
- 建沙堡
- 跟爸爸或媽媽約會
- 在水池玩耍
- 幫各種昆蟲拍照
- 在床上吃早餐
- 製作手印畫
- 接力賽跑
- 捉迷藏
- 做水果沙拉
- 玩跳繩
- 去遊樂場或水上樂園

- 喝思樂冰
- 看日落
- 在石頭上著色
- 去市場買菜
- 家庭遊戲
- 去公園野餐
- 全家騎自行車
- 做一本日記
- 留朋友過夜
- 吃西瓜
- 洗車
- 晚餐吃冰淇淋
- 睡衣日
- 跳石頭
- 去大自然中散步
- 自己做一份早餐
- 參觀農場
- 在海邊露營
- 記錄雷雨
- 做一個有趣的夏季手工

📦　暑假閱讀

每個學期快結束的時候，老師都會提出要求讓學生們暑假多閱讀。所以每逢假日，美國圖書館也紛紛開展了豐富多彩兒童暑假閱讀活動。讓孩子在暑假進行閱讀，建議可以寫下讀書筆記，請孩子每讀一本書後，都要記錄心得感想。

📦　暑假專屬工作手冊

看了那麼多暑假活動和計畫，我見過最詳細的暑假計畫是一本暑假專屬工作手冊。這一本小小的冊子，內容卻非常豐富。有每個月的計畫表、每週的計畫表、每週生活事項檢查表、每週閱讀情況檢查表、每週戶外運動檢查表、每週樂器訓練檢查表等。

這本冊子完全是自己做出來的，相信如果按照這本冊子來，即便是「熊孩子」也能被調教得特別有條理和計畫性。

一份影響孩子人生的
新年計畫

　　迪士尼在二○一四年製作了一個十大新年願望的動畫合集，在 Youtube 上播出後立刻引起全球父母和兒童的關注，迪士尼給孩子提供的十大新年願望如下：

- Enjoy Nature（享受自然）
- Discover a Fascinating Story（發現一本迷人的書）
- Learn a New Song（學一首新歌）
- Accomplish an Amazing Feat（完成一件創舉）
- Conquer Your Fears（克服內心的恐懼）
- Follow Your Dream（跟隨你的夢想）
- Have Fun（永遠開心）
- Make New Friends（交新朋友）
- Spend Quality Time with Family（陪伴家人）
- Believe in Magic（相信魔法）

　　每年十二月底、一月初的時候，美國家庭的父母都會和孩子一起許願，這也是他們新年儀式的一部分。美國學者們發現看起來簡單的新年許願，如果好好規劃，對孩子的一生會有深遠的影響。

一九六〇年，哈佛商學院的學者們做了一項研究，他們選擇一個班級做實驗，請學生們為未來規劃一個目標，結果發現，八十四％的人沒有任何目標；十三％的人有目標，但是沒有具體實施的步驟；三％的人擁有目標，也有具體實施的步驟。

十年之後，哈佛的學者們繼續追蹤那些當初參與實驗的學生，他們發現，十三％的人（有目標但是沒有具體步驟）的收入，是八十四％的人（沒有任何目標）的二倍之多；三％的人（既有目標也有具體步驟）的收入，是其餘剩下的九十七％的人十倍之多。

由此可見，是否有目標、是否有清晰的行動計畫，是一個人未來能否成功的關鍵因素。所以美國教育家們認為，對學生而言，如果希望他們將來有更大的成就，新年許願不僅僅是許個願，而是需要制定一個目標。

因此，美國家庭和學校通常都會讓孩子在新年開學之際制定一個新年目標。新年目標的制定一般有以下兩種形式。

年終回顧型

一般制定目標時需要參考去年自己的表現而定，這樣新年的目標才會更為精準，因此美國老師就研發出了以下這種新年計畫範本。它由兩部分組成，第一部分是回顧去年有什麼印象深刻的回憶，第二部分是展望新年，詳情如下：

新年計畫範本 1

第一部分

- 覺得最有意思的課程是什麼？
- 最難忘的事情是什麼？
- 最有趣的事情是什麼？
- 最喜愛的東西是什麼？

第二部分

- 你希望學到什麼？
- 你希望提升自己的哪一方面？
- 你在二〇一八年的目標是什麼？

這套範本的主旨是讓孩子認真回顧並總結過去一年的得失，這樣才能知道新的一年改進的方向，為未來設定合理的目標。

詳細計畫型

很多孩子在制定目標時都會比較空泛，例如新年要鍛鍊身體、要好好學習等，至於能否做到、怎麼做到他們並不關心。因此，美國老師想到了一個詳細計畫型的範本，讓孩子將具體的計畫寫出來，包括：

新年計畫範本 2

- 我想學點什麼？
- 我想去哪裡玩？
- 我想多做點兒什麼事情？
- 我想閱讀什麼書籍？
- 我想提高自己哪方面的技能？
- 我想嘗試什麼東西？
- 我想改變自己什麼缺點？

　　使用這套範本，孩子的新年計畫就會更加清晰了，當他們有了具體的行動計畫，也會知道該如何努力。

　　至於你要選擇哪個範本，可以根據自己的喜好來決定。我建議可以先用第一款範本來了解過去，設定未來目標，然後用第二款範本設置未來實現目標的具體步驟。

　　是不是和孩子制定了合理的目標、詳細的計畫，到了年底就一定能完成呢？針對這個問題，美國有個叫作 Statistic Brain 的機構做了一項調查統計，在制定新年目標的人群中，只有八％的人到年底實現了自己的目標，而九十二％的人都以失敗告終。

　　你和孩子是屬於八％還是九十二％的那組呢？這就要看你的目標制定得是否合理、有沒有詳細的計畫了，最重要的是能否擁有持久的毅力。

兒童日程管理範本
改善孩子拖拉壞習慣

　　有一天早上我送憨憨上學，回來的路上看見一個同學的家長不斷哀聲歎氣，詢問之後他說今天孩子又遲到了！每天送孩子上學都像打仗，起床怎麼叫都叫不醒、刷牙不好好刷、吃飯拖拖拉拉，作業經常忘了帶……總之孩子很不聽話，導致家長身心俱疲。

　　其實這是因為孩子在時間和計畫管理上出現問題，孩子的大腦尚未沒有時間概念，什麼時間該做什麼事情，完全是被動的跟著大人的節奏，自然不懂得如何合理的運用時間。

如何解決問題

　　要解決好孩子的時間和計畫管理問題不是一件容易的事情，因為很多父母自己都做不好。國外有一個很著名的理論叫作耶克斯—多德森定律，該定律說：「一個人的行動力和情緒之間對應著一個曲線關係：當情緒低落時，行動力也較低；當情緒激動時，行動力也處於較低的水準；只有當情緒平穩時，行動力才是最高的！」

將此理論放在教養孩子上時可以發現，我們要求孩子完成某項任務時（例如刷牙、看書、寫作業、吃飯等），必須讓孩子的情緒維持在一個平穩的狀態。如果孩子不夠積極，那麼他對這件事情就有嚴重的抵觸，而如果孩子太興奮，則完成任務的效果也不會好。

如何才能讓孩子用平穩且積極的情緒來接受任務呢？這就需要把握兩點原則，一是吸引他們的興趣，二是讓他們有參與感。家長不妨設計一張漂亮的任務追蹤表，配合適當的獎勵措施，這樣孩子們就會興致盎然。而參與感指的是讓孩子加入制定計畫的過程中，讓他們明白，這是他們自己的選擇，並且要自己的行為負責。

📦 如何安排任務

首先合理安排任務，任務的安排必須是他們力所能及的，但是難度不能太低。舉個簡單的例子，如果我們出給六歲孩子的任務是疊積木，那麼這個任務對於他來說太簡單，沒有挑戰性；但如果我們安排的任務是讀十本書，那麼這個任務又太苛刻，孩子完成不了反而會產生反抗。

因此只有任務安排得合理，才能激發孩子的鬥志，讓孩子有持續做下去的興趣。只有積極性提高了，完成任務的效率才會相應提高。

其次是合理安排獎勵。對孩子來說，一個小小的獎勵就可以讓孩子很興奮，我們可以和孩子互相討論獎勵措施，但是獎勵的設立也有一些原則：

- 必須階段性地根據目標的完成情況給予獎勵。例如我們給孩子設立一周的目標，週末檢查。如果目標都完成了，那麼給一個小獎勵；又例如我們可以給孩子設立點數，完成一個目標給一張貼紙，如果集到五十張貼紙，就給一個小獎勵等。

- 不要把任務標準設定太低，對太容易得到的東西，人們往往不大珍惜。當然我們也不能將獎項設立得遙不可及，那樣人們往往行動了一半就喪失了繼續前進的動力。我們要讓孩子享受不斷努力而達到目標的過程，只有這樣，他們在以後的日子裡才會不斷給自己設立前進的目標，並為此而努力。

- 父母給孩子的承諾獎勵一定要兌現。例如答應孩子完成一系列任務後就帶他去公園，不能因為自己忙或者累就取消，否則父母就會失去孩子的信任，獎勵機制也無從談起了。

- 獎勵不必太過昂貴，對孩子來說，一張貼紙或是去一次公園就足以讓他們開心好久了，所以家長們不用糾結要買多麼貴重的獎勵，只要是真心給孩子的獎勵，就能讓孩子開心。

- 製作一個任務表，將孩子每天的任務完成情況記錄下來，這樣也會激發孩子的鬥志，孩子透過任務表會清楚地知道自己今天需要做好什麼事情，進而合理安排時間。

管理孩子行為的十種任務表

❶ 行為任務表：孩子日常生活安排、學習任務都可以用這個表來擬定計畫。

❷ 日常事務表：如果想讓孩子幫忙做一些家務，這個表非常適合。

❸ 每日生活計畫表：這個計畫表適合孩子做某項針對性的訓練，例如刷牙、睡覺等。

❹ 練習計畫表：這個計畫表適合孩子每天做一些訓練，然後給予積分獎勵，最後算總積分。

❺ 目標任務表：適合完成某項針對性的任務。

❻ 作業完成表：適合寫家庭作業時使用。

❼ 幼童訓練表：適合小小孩學習生活常規時使用，例如上廁所、吃飯等。

❽ 讀書計畫表：適合孩子的閱讀訓練，記錄閱讀的書名、日期。

❾ 獎勵計畫表：適合給孩子記錄獎勵點數，一張表完成後，記得一定要按照事先約定的給孩子兌現獎勵。

❿ 星星獎勵表：當孩子表現出色，我們送給孩子星星，這個表就是為此而專門設計的。

兒童的習慣養成
從「簽合約」開始

　　兒童大腦研究專家費爾‧麥格羅博士(Phil McGraw)有一套兒童契約理論，內容是父母可以和孩子簽署一份合約。在合約裡，父母可以寫出他們希望孩子做的事情，如果孩子做到了，那麼會有什麼結果；如果沒有做到，又會有什麼結果。費爾博士把這種合約稱為行為合約，而合約就是父母和孩子的憑證。當孩子閱讀並簽署了合約，孩子以後就不會要賴，這對皮小孩超級有用。

　　費爾博士認為，這種合約越早讓孩子體驗越好，因為它有兩個好處：一是讓孩子在人生的早期形成一個契約意識，知道如何對自己的行為負責，並承擔後果。二是讓父母對孩子的生活常規的教養有明確的規劃，下面有幾種合約的類型提供給家長參考。

零用錢合約

　　父母可以寫上希望孩子做的事情，然後列出明確的獎懲條件，如果完成就可以有金錢獎勵；如果沒有完成，則有相應的金錢懲罰。孩子還可以在合約中寫下如何處理這筆錢，例如要捐贈多少錢、要存多

少錢、零用錢是多少等。

　　當然別忘了，最後父母和孩子各自簽下自己的姓名，合約才開始生效。例如請孩子幫忙做家事、倒垃圾、洗車等，都可以用這種合約，讓孩子從小有賺錢的意識，這也是培養財商重要的一環。

　行為合約

　　這種合約建立在習慣養成的基礎上。孩子可以選擇三種他應該遵守的行為規則，然後父母寫出如果獎勵與懲罰，最後雙方簽名。如果想讓孩子培養良好的生活習慣，例如準時睡覺、按時寫作業、懂禮貌等，都可以試試這種合約。

　目標性合約

　　以「目標」為導向的合約。在合約裡，孩子寫出預期在什麼時間點完成什麼樣的目標，並寫出為什麼要選擇這樣的目標，這個目標對他有什麼樣的意義。然後列出為了完成這個目標，短期（每天）需要做什麼事情，長期（每週或每月）需要做什麼事情。最後寫出目標追蹤的進度，包括還沒開始、進行中、已完成等，並列出目標完成情況的理由。這能讓孩子學會自律及長遠規劃，並且能將任務拆解，為了完成這個目標必須做哪些事情。

🔲 家庭作業合約

希望孩子按時寫作業所設計的合約。在合約裡列出了孩子寫作業需要履行的職責，例如學校作業需要按時完成；同時也列出了家長的職責，例如要檢查作業、提供指導等。然後列出孩子預期完成的時間，如果在規定時間之內完成，能得到如何的獎勵；如果沒有完成，則得到如何的懲罰。

🔲 才藝班合約

家長經常會發現孩子們的興趣不持久容易改變，一下想要彈鋼琴，一下想要踢足球，一下又想要學英文，但是經常無法堅持，因此家長必須常常催促。這個合約就能幫助孩子維持興趣，讓他們選擇一項真正喜歡的興趣，然後承諾在合約規定的期限內認真參與，如果表現好則有獎勵，否則有懲罰。合約同時對父母也有約束作用，要求父母給予孩子提供必要的支持和幫助。

🔲 情緒自控合約

這個合約專門用來幫助孩子提高情緒的自控能力。合約列出了孩子需要做到的幾點要求，包括生氣時要冷靜、尊重別人的隱私、不能

打斷別人、不可有過度的肢體動作等。同時父母也要提出要求，例如幫助孩子平靜下來、做好榜樣等。

　　最後列出相應的獎勵或懲罰，這對那些愛發脾氣、愛哭鬧的孩子來說，這個合約很有約束力。我曾和憨憨簽署過一份關於錄製繪本的合約。我承諾他每錄一本，我就給他十塊美金當零用錢。如果有一本他錄得不好或沒有錄，就要賠給我五塊美金。所以為了達到我的要求，他也很努力不停的錄製。

　　結果，憨憨剛錄第一集時還很起勁，但是到了第二集，因為錄的過程中有些口誤導致效果不佳，我請他重錄他卻不同意，因此我把合約給他看，一看到要賠給我五塊美金，他也只能乖乖地幫我把後面內容都錄好了。

　　跟孩子約定事情簽署合約，對培養孩子的生活習慣、行為習慣、財商、責任感都有很大的幫助，家長不妨試試看。

家長一定要
陪孩子寫作業嗎？

等孩子上學後，學校就會出家庭作業，這時候父母會糾結要不要陪孩子一起寫作業。如果陪孩子寫，孩子變得更依賴怎麼辦？如果不陪，孩子寫得馬馬虎虎又該怎麼辦呢？

不要過度陪孩子寫作業

我所說的陪孩子寫作業是指過度干涉孩子的作業，例如幫孩子寫，孩子動不動就問你怎麼做，隨便寫一寫後就丟給你檢查等，這種過度的陪伴會帶來很多問題。

影響孩子的獨立性

記得憨憨剛上學時每次做數學作業，他都要拉我在旁邊陪，一遇到難題他就會習慣性問我怎麼做，或者一直問我對不對。一開始我都會耐心為他解答，可是後來我發現不對勁，很多時候憨憨只要稍微不懂就會反射性的馬上問我，代表他已經出現了一種思維惰性。

於是我決定開始讓他學會自己解決問題，就算是問我，我也要他先思考過後再問，所以我不建議家長在孩子寫作業時一直坐在旁邊糾錯，這樣孩子就失去了獨立思考的空間。

不要害怕孩子出錯，錯誤可以刺激孩子大腦發展，孩子寫作業遇到問題時的處理方式，也代表著孩子能不能獨立，不會寫的時候可以選擇自己查資料解決，或是問朋友、家長、老師，在經過思考後，這些解決辦法會在孩子心裡留下更深的印象。

影響孩子的責任感

我陪憨憨寫作業的那段時間，我還發現他有一個問題，就是他會迅速的把作業寫完（因為我會限制他時間，他會因為很快做完而得意），然後把作業塞到我手裡讓我檢查。

以這種態度完成的作業會有很多問題，例如數字寫錯。每次我指正他，他就說一聲「OK」然後改過，可是改完後下次還是會犯下同樣的錯誤。

會出現這種情況，大概就是因為憨敢對我形成了依賴，反正作業是我來檢查，不管有沒有寫錯，反正我一定會幫他檢查出來，查出來再改就好，沒什麼大不了的。但是孩子應該學著對自己的作業負責，而不是家長。

不妨在每學期剛開學時就定下一個作業的小目標，例如作業要工整、要獨立思考、要及時完成、要保證答案正確。隔一段時間就對比這個目標，看看是不是都做到了。在一段時間後也可以把之前的作業

拿出來看看，問問孩子最喜歡哪份作業，為什麼？當然錯得最少的不一定就是最好的，最好的作業可以是最工整的，也可以是經過思考解決了某個難題。

如何才能讓孩子主動寫功課

我建議讓孩子自主完成作業，但是很多孩子寫作業的積極度都不高，離開了家長的陪伴和督促，有時候十分鐘就可以完成的作業，要拖到一小時才能寫完。我家憨憨也有這種情況，例如叫他練琴，狀態不好的時候他不停磨蹭，有時鬼哭狼嚎，有時明明半小時的作業，他最後能耗上一至二個小時。

所以想讓孩子自主寫作業，首先要加強他們的時間管理。最好每天讓孩子在固定的時間寫作業，當然這個時間由孩子自己定，可以先玩再寫作業，或者先寫作業再玩。過一段時間可以問問孩子你覺得自己的安排怎麼樣？時間夠嗎？為什麼？你想要怎麼調整？這樣的練習可以幫助孩子規劃自己的時間，還可以讓他對自己的行為進行反思，讓學習更有效率。

當寫作業時遇到問題，我們可以給孩子提供一些線索，讓他們根據這些線索自己去尋找答案。有一次憨憨的老師出了一個題目給學生──研究達文西。於是我們就去圖書館挑選了關於達文西的繪本，並在 Youtube 上搜索了達文西的影片介紹，將素材提供給憨憨後，我們便讓他自己在這些圖書和影片裡找答案。

結果小傢伙對這個研究主題非常感興趣，那段時間經常跟我們討論達文西的事蹟，很多我都是第一次聽到的東西，這就是他自己研究的結果。所以我們不用幫孩子找答案，而是讓他們自己尋找答案，這個尋找答案的過程會激發他們的探索欲和學習興趣。

▢ 孩子寫作業時，家長該如何指導

那麼我們在孩子寫作業的過程中應該扮演什麼樣的角色？陪孩子寫作業不一定是你「盯」著他寫，而是在某個時間你和他同時工作，你做你的工作，他寫他的作業。這樣能幫孩子營造一個很好的學習氛圍，他看你這麼認真，也會跟著一起努力。

跟孩子討論作業不要糾結對錯，你可以說：「我發現你花了很多時間在寫這個題目，為什麼？後來你是怎麼解決的呢？」

你也可以根據孩子的作業內容，幫助他拓展知識，例如孩子在寫圖表方面的問題時，你可以找出生活中各種不同的圖表，例如直條圖、餅狀圖、線形圖等。這可以幫助孩子學以致用，在課堂上的討論也能讓他侃侃而談，增加自信。

閱讀馬拉松，
讓孩子愛上閱讀

無論什麼年紀，閱讀永遠是美國孩子暑假活動中不可或缺的一項活動。

挑選書籍

說到閱讀，首先就是挑選書籍的問題。可別小看選書，如果書選得太簡單，孩子們就不會有太大的興趣；如果書選得太難，孩子們就會出現很多挫折感。因此，給孩子們選擇適合他們閱讀水準的圖書就顯得非常重要。憨憨的老師推薦一個叫作「五指法則」（Five Finger Rule）的圖書選擇方法。方法描述如下：

隨機選擇書中的一頁閱讀, 每遇見一個陌生單字，豎起一個指頭，當這一頁閱讀完畢後，統計豎起的指頭數：

零根手指頭＝too easy（表示太簡單了）

1～3 根手指頭＝just right（表示難度剛好）

4～5 根手指頭＝quite hard so go slow（表示有一點難）

5 根手指頭以上＝too hard for now（表示太難了）

事實證明，透過這個方法選出來的書能恰到好處地滿足孩子的需要，至少憨憨每次都讀得不亦樂乎。美國圖書館通常都會為不同年齡的孩子推薦書籍，例如我們去社區附近的圖書館時，就經常看到他們最新的推薦書單。

另外書的類別也非常講究，美國一般將幼兒書分為故事類和非故事類兩類，老師也鼓勵孩子閱讀書籍多元化，除了讀故事、繪本之外，還可以多讀一些人物傳記、歷史、科學、社會學方面的書籍。例如憨憨有段時間對「二次大戰」感興趣，我們就幫他借了關於這個主題的繪本。

📦 閱讀馬拉松

喜歡看書是第一步，如果能看完後再寫下讀書筆記，那就更完美了。因為在寫筆記的過程中，孩子會對書的主題、思想理解得更加深刻，也能讓孩子的寫作能力得到提升。

美國放暑假時有很多機構會舉辦一種叫作「閱讀馬拉松」（Readathon）的活動，這個單字很有意思，其實是 read 和 marathon（馬拉松）的結合，所以我們稱它為「閱讀馬拉松」。此外，也是因為整個讀書週期拉得比較長，就像跑馬拉松一樣。

這個「閱讀馬拉松」的活動我們在家就可以執行，它的主旨是讓孩子每天都堅持讀一本書，然後記錄讀書日誌，等記錄到一段時間

後，就可以獲得一張獎狀或者一份獎品。

其實「閱讀馬拉松」的核心是讀完後寫讀書日誌，這個日誌包含書名、閱讀時間、閱讀頁數等資訊，透過這種方式讓孩子養成每天閱讀的好習慣。但如果想寫得更多一些，那麼就可以考慮寫讀書筆記。

讀書筆記一般包含幾個方面：對這本書的理解，講了什麼故事，角色有什麼樣的特徵；讀完這本書你的感想是什麼；畫一張圖表達你的感想。

讀書筆記最能鍛鍊孩子的表達和寫作能力，憨憨的老師要求每週寫一篇，這也是他們為數不多的家庭作業之一。其實，如果孩子有時間的話，一周兩三篇甚至每天一篇都是很好的。

矽谷爸爸的
孩子高EQ養成術

懂得管理自我情緒的孩子不會變壞，爸爸是在孩
子的成長過程中重要的引導角色，培養孩子的勇
氣、樂觀、合作精神，是讓孩子在未來各方面都
能成功的關鍵。

比智力更重要，
如何提高孩子的 EQ

　　我認識一位前輩，他是非常成功的企業家，個性非常親切、平易近人，每位和他合作的人都對他的人品和處事風格讚不絕口，大家都說他擁有很高的 EQ，我想這也是為什麼他可以一步步的從一個小工廠起家，後來進入胡潤富豪榜的原因之一。從他身上我第一次發現到 EQ 原來這麼重要。

🔲 什麼是情緒商數 EQ

　　情緒商數實際上是自我情緒的一種控制能力，主要分成五個部分：了解自我情緒、管理情緒、自我激勵、識別他人情緒、處理人際關係。

　　和智商比起來，情緒商數對於未來的人生發展更為重要。《異類》的作者追蹤研究過很多高智商的人（智商值超過一百四十的天才），結果發現這些天才長大後大多庸庸碌碌，有的人是公司的小職員，有的人從事勞動工作，可是那些智商平常、情緒商數很高的人，事業反

而做得有聲有色。

　　於是誕生了一個公式，二十%的智商加上八十%的情緒商數決定一個人的成功，這個公式的準確性無從考證，不過公式所強調的情緒商數作用我深表認同。

如何提高孩子的情緒商數

　　美國有一個研究兒童身體和心理健康的網站，提出了四點提高情緒商數的小秘訣。

了解自己的情緒

　　每個人每天都會有不同的情緒，例如高興、悲傷、鬱悶等。要提高孩子的情緒商數，首先得讓孩子認識自己的情緒，明白自己的感受，進而才能明白他人的感受。

　　美國學校從幼稚園起就教孩子認識情緒，他們最常用的方法就是讓孩子做各種表情臉譜，如生氣的時候是如何的，高興的時候又是如何的。對照表情臉譜讓孩子描述一下自己今天的心情如何。

尊重別人

　　高 EQ 的人都能揣摩別人的心思，懂得站在別人角度上考慮問題，充分尊重他人。這種尊重既表現在行動及言語上。例如看到朋友

會起身相迎；請別人幫忙，會說聲「Please」、「Thank you」另外，美國老師會用畫畫的方式，讓學生知道如何尊重他人，也會採用思維導圖的方式，列出尊重別人的方式。

控制自己的情緒

每個人都會沮喪，偶爾都會有生氣的時候，這時控制好自己的行為就非常重要。憨憨的老師在教室裡專門設置了一個角落，叫作冷靜角落（Calm Down Corner），這個冷靜角落的牆上貼滿了各種關於情緒控制的紙條，例如你現在感覺如何、你下次會怎麼做、桌上還放了很多關於情緒管理的書籍。如果哪個學生情緒太激動，就請他到角落裡自己冷靜一下，自己靜下心來想一想、翻翻書，很快心情就可以平復了。

選擇自己的情緒

合理選擇適當的情緒，這是情緒商數裡最難的部分。一個人難免會遇到尷尬的事情，如何控制好自己的情緒，並且選擇恰當的方式巧妙化解，就很考驗情緒商數。

憨憨有一個同學說話比較刻薄，有一次和憨憨玩的時候，他又開始挑釁了，說他做的東西最好，別人做的都沒有他的好。憨憨只是笑了笑，輕描淡寫地說了聲：「OK，Cool！」然後就低頭忙自己的事情了。而那位同學沒有得到預想中的結果，自然也不能再說什麼。所以同一件事情用不同的處理方式能帶來截然不同的效果。

針對這些，美國老師上課的時候經常發起團隊活動、小組討論，讓學生明白如何用正向的情緒在團隊裡與人相處。

憨爸分享

如果想測一下孩子的情緒商數，我找了一套測試題目，在我的公眾號「憨爸在美國」對話方塊裡發送「EQ」，就能得到下載鏈結。

孩子被欺負
家長該怎麼辦？

美國校園有霸凌嗎？答案很明顯，YES！根據統計，全美國至少有三分之二的學生在學校遭受過別人的霸凌。

要不要教孩子打回去

美國有不少孩子在面對欺負的時候，會選擇直接回打對方。美國前總統克林頓在自傳《我的生活》（My Life）裡也提到，有一次他被同學欺負，很多人都叫他打回去，可是他猶豫了半天，選擇了冷處理，並沒有反擊，因為他覺得打架不能解決問題，只會讓事情變得更糟。

在美國教育界，校園霸凌事件是一個非常頭疼的問題。面對霸凌，美國老師普遍認為，打回去不是一個好選擇，他們建議孩子採取下面三種措施：

- 直視對方的眼睛，大聲告訴他 STOP！
- 如果對方不予理睬，就不要理他，徑自走開。
- 如果對方還跟著你，就想辦法尋求幫助，找朋友或者大人幫忙。

面對這種冷處理的方式，很多孩子都會覺得很困惑，甚至不能理解，這不是示弱嗎？是不是很丟臉？對方會不會更得寸進尺？

對這些問題，兒童心理學家伊莉莎白·勞格遜（Liz Laugeson）女士認為：「因為施暴者在欺負別人的時候，常常喜歡從受害者那邊得到一些回饋，如果對方求饒，他會更加得意。可是當你對他置若罔聞的時候，他會覺得很失望，因為沒找到原本期許的快感，所以將來很可能就不會以你作為霸凌目標了。」所以面對孩子霸凌，記得要先從孩子的角度出發，抗議、不理他、找人幫忙才是最好的處理方法。

🧊 家長該如何引導

身為家長，當孩子被欺負的時候，我們絕對不能坐視不管。

培養孩子的性格

美國著名的兒童發展專家喬伊·貝里(Joy Berry)專門就霸凌問題提出見解，她認為這要從根源解決問題，首先要了解孩子為什麼會被欺負。一般來說，有以下性格特徵的孩子容易吃虧：缺乏自信、很害羞、沒有朋友、膽小、很容易緊張、個性消極。

一旦發現孩子有這樣的性格特徵，那麼就需要對症下藥，將孩子培養成樂觀、勇敢和自信的人，並讓孩子多接觸社會、多交朋友，只有這樣，孩子被欺負的機率才會減少。

保護孩子的權益

家長要學會保護孩子，面對孩子被欺負，如果超出了孩子可以處理的範圍，我們需要挺身而出。有一次憨憨跟幾個朋友在滑梯旁玩耍，一個美國女人惡狠狠地把憨憨推到一邊，歇斯底里的對他咆哮，說他們跑步嚇到她的寶寶了。憨憨整個嚇傻，突然眼淚就泉水般的流出來，因為他從來沒有遇過這麼兇的人。

憨媽發現後立刻跑到那個美國女人面前，很嚴肅的對她說：「如果你覺得我的孩子跑步影響你的寶寶，那麼對不起，我們會注意！但是希望你能注意你的態度，不可以對孩子用這種語氣說話。」

那個美國女人一看到我們態度這麼強硬，也立刻道歉了。我們不能要求每個人都通情達理，如果遇到素質低、出言不遜的人，該反擊和強硬的時候，我們也得毫不猶豫。

強身健體

防止孩子遭遇他人霸凌，我覺得還有一點非常重要，這就是一定要讓孩子鍛鍊好身體。例如孩子從小學學武術、跆拳道等，這些活動不僅能讓孩子身體強健，而且對孩子的自信心培養也很有好處。

憨憨從五歲開始學武術，從拳腳練到棍棒和刀劍，以前柔弱的小傢伙現在身體練得很精壯，小拳頭特別有勁，所以我不會擔心他在學校裡吃虧。學武術不是為了在體育上取得多大的成就，而是為了強身健體，為了將來能夠保護自己。

美國華人如何應對孩子被霸凌的狀況

美國老師所教的冷處理方式絕大部分是管用的，但是也有特殊情況。因為有時候我們想躲霸凌者卻躲不過，特別是對於我們這些身在美國的中國人來說更是如此。

在美國，種族歧視一直都存在，而且欺軟怕硬的現象也很嚴重。有一年有個在紐約送外賣的華人無緣無故遭到幾個黑人少年的羞辱，他一開始延續著中國人的傳統做法，忍氣吞聲，息事寧人，不願跟他們糾纏，可是對方死纏爛打、不斷挑釁，最後他實在忍無可忍，將對方揍了一頓。最後警方根據現場監控錄影將那幾個挑釁的少年繩之以法。

不是所有的霸凌我們都能躲得了，或者找得到他人幫助我們，特別是在美國，華人常常是弱勢群體。所以，我們要讓孩子懂得如何保護自己，這個世界並不如童話般美好，它有暴力、有歧視、有不平等，如果實在退無可退、威脅到自身安全的話，打回去也只能是最後的出路了。

我們跟憨憨說，如果學校裡有人打你，那麼你要向他抗議，或者不理他，再或者告訴老師和家長。如果這些方法都不管用的話，你就要用自己的小拳頭保護好自己。

孩子膽小，
父親的引導和幫助更重要

　　我家憨憨以前很膽小怕黑，晚上不敢一個人去上廁所，我告訴他只要把燈打開就可以了，不要害怕，可是怎麼說都沒用，他連去廁所開燈的勇氣都沒有，真的讓我非常傷腦筋。我一直認為培養孩子的勇氣，爸爸應該要負更多的責任，那麼應該要怎麼做才能培養一個勇敢的孩子？

孩子膽小會有哪些表現？

　　孩子膽小的表現有很多種，我們來看看自己的孩子有沒有這些膽小的表現。

- 怕黑：晚上不敢一個人上廁所，不敢關燈睡覺，晚上出門害怕等。
- 怕壞人：憨憨看卡通時，只要看到一些壞人角色，他就會很緊張的拉著我問：「他是壞人嗎？」因為怕壞人，所以有人敲門的時候，他都會緊張。
- 害怕大的聲響：例如，聽見打雷聲孩子就會很害怕。

- 在公共場合說話不敢大聲，跟陌生人說話時聲音很小。
- 在陌生環境容易緊張。
- 參加球類運動很謹慎，不敢有肢體接觸。
- 一跌倒或是受傷就會哭。

🔲 如何培養勇敢的孩子

在美國工作、生活的幾年裡，我發現美國孩子比華人的孩子更勇敢、更愛冒險，勇於接受挑戰，遇到挫折也不會退縮，我觀察了他們的育兒方式，發現了一些祕訣。

父母陪同壯膽

美國有一項經典兒童活動叫作童子軍活動，它是讓孩子到野外生存，培養他們的意志力和勇氣。但是這項活動報名時，會要求一開始父母陪著孩子，因為美國人認為孩子的勇氣是在父母的陪伴下激發的。如果孩子害怕，一開始不要強迫他，而是先陪著他然後慢慢放手，孩子的勇氣很快就會被激發出來了。

多參加集體活動

有一年，我帶一群小朋友去參加夜間野外尋寶的活動，每個孩子有一個手電筒到戶外去尋找寶藏。一開始我很擔心憨憨無法參與，因

為他怕黑，晚上不敢出門，後來我發現自己的顧慮是多餘的，因為當一群小朋友一擁而上時，憨憨的膽量已經被激發出來了，何況團隊裡還有小女生，總不能在女生面前丟臉吧，所以，多參加團體活動可以加強鍛鍊孩子的勇氣和膽量。

多挑戰、多鼓勵

憨憨四歲時，我們帶他參加一個木工的活動，用的是鐵槌和鐵釘去做 DIY 手工，憨憨一開始很害怕不敢扶著釘子，生怕敲到自己的手。我說：「別急，我們一步一步來。」於是我先抓著他的手，一起扶著釘子和他一起敲；然後我鬆開手，讓他自己扶著釘子慢慢敲；一開始他敲的力度很小，慢慢地力度就加大了，敲釘子也很敏捷了。

所以不斷給孩子設置目標，不斷挑戰孩子的能力，並且不斷鼓勵孩子進步，對激發孩子的勇氣很有幫助。

家庭關係和睦

我有一個朋友剛來美國時因為不適應，夫妻經常吵架，孩子也特別膽小、怯懦，整天皺著眉頭，很少出現笑容。可是最近看見她的孩子時，發現孩子活潑許多，也終於出現笑容，再也不是那個膽怯的小姑娘了。於是我問朋友怎麼變化這麼大。朋友說：「現在我們慢慢心平氣和解決事情，也不吵架了。孩子似乎也因此性格開朗了不少，沒想到家庭氣氛對孩子的影響這麼大！」

培養孩子堅毅的性格

憨憨上籃球訓練營時，那位美國教練每天都帶著他三歲兒子一起上課，有一次孩子在追球時不小心跌倒了，他看著爸爸，眼眶含著淚水，似乎在等爸爸抱他起來。可是教練站在他旁邊說：「Hi！young man, get up！You Can do it！」（年輕人站起來，你可以做到的！）教練是把他的三歲兒子當作一個男子漢說出這些話的。最後孩子自己爬了起來，很快就又生龍活虎了。

這個孩子在多次經歷這樣的事件後，他的性格也越發堅毅和勇敢了。這都是因為父母的不嬌縱、鼓勵，以及適時的放手。

鍛鍊身體

強壯的身體是自信和勇氣的來源，對男孩子來說更是如此。憨憨的籃球隊有一個隊友，因為身體比較瘦小，所以當搶球、防守、搶籃板時，他都會躲在後面。如果孩子身體不夠強壯，不僅會影響到打球等運動方面的表現，而且身體弱小帶來的不自信和膽小很有可能會導致校園霸凌。

因此我們要多多鍛鍊孩子的身體，培養孩子的自信心，至少讓他明白，面對競爭和對抗，他是有勇氣和能力反擊的。

曾經有一位爸爸分享他讓孩子練武術或跆拳道，就是為了讓孩子有強健的身體，可以保護好自己，也能保護好別人，這一點深有同感。其實沒有天生膽小的孩子，孩子的勇氣和自信都是來自父母，想培養一個勇敢的孩子，就先從我們自己做起吧！

接受孩子瘋狂的想法，一起實現挑戰

　　特斯拉（TESLA）執行長伊隆·馬斯克，《鋼鐵人》這部電影就以他為靈感創作的，他十歲開始學習程式設計；十二歲時賣掉自己的程式賺取人生第一桶金；在史丹佛大學讀了四十八小時後輟學創業，創立的國際貿易支付平臺 Paypal 讓他躋身億萬富豪的行列；之後他又創辦特斯拉，還成立了美國太空探索技術公司 SpaceX 製造火箭等。

　　在普通人眼裡他是一個「瘋子」，經常會有一些瘋狂的夢想，但關鍵是他靠自己的不懈努力，讓這些瘋狂的夢想成為現實。後來他創辦了一所學校叫 Ad Astra，拉丁語的意思是「To The Stars」（未來之星）。這所學校的奇特之處在於它沒有年級之分，實行的是「個性化教學」，按照學生對知識的掌握能力和興趣來安排學習。

　　例如在教引擎的時候，傳統學校老師會說：「今天我們來看看引擎有哪些部件……你們記住了嗎？」在這所學校裡老師會說：「這是扳手和起子，你把引擎拆開，然後再組裝起來，就知道它長什麼樣子了！」所以自從這所學校成立以來，學生們一個個都不願意放假了，都想在學校學習，這大概就是學校的魅力吧。

　　說到解決問題的能力，那可是「瘋子」伊隆·馬斯克實現瘋狂夢

想的基礎，也是近幾年美國精英教育的一種發展趨勢。它主要鍛鍊孩子解決問題的能力、動手能力和創造力。它不提倡將知識以死記硬背的方式灌輸到孩子的腦袋裡，而是讓孩子在生活中透過觀察、實驗的方式慢慢領會，同時還能將所學的知識點用於解決身邊的問題。不少精英學校、輔導班也開展了很多鍛鍊孩子解決問題能力的課程。例如用沙子堆一座火山，用木頭建一座塔。

我們不是伊隆・馬斯克那樣的億萬富翁，不可能為孩子蓋一所這樣的學校；我們也沒有那樣的機會，可以讓孩子進入伊隆・馬斯克的學校。那我們該如何訓練孩子解決問題的能力呢？只要我們多用點心，身邊有很多機會可以鍛鍊孩子解決問題的能力。

- 可以多帶孩子去博物館、公園、動物園、農場、海灘等場所，那裡有很多值得探索、學習的東西。
- 如果孩子有「瘋狂」的想法，那麼不妨幫助孩子準備材料，讓他實現想法。例如孩子對引擎感興趣，那麼我們可以買一個小馬達，裝上電池，讓孩子觀察馬達是怎麼工作的。
- 多給孩子設置一些挑戰，讓他們學會尋找答案、解決問題。
- 每個孩子在探索過程中，不可避免地會遇到挫折，鼓勵孩子不要放棄、繼續努力，和孩子一起想辦法將問題解決。

引導孩子解決問題五步驟

當遇到問題後，該如何引導孩子解決問題呢？這裡有五個
步驟：

❶ 發現問題。

❷ 尋找解決方案。

❸ 在想到的眾多方案中選擇一個最佳解決方案。

❹ 實踐並測試自己的解決方法是否可行。

❺ 評價結果，如果不行的話再跳回步驟❶重新開始。

培養孩子的
財商觀念三步驟

　　美國人非常注重培養孩子的財商觀念，尤其是中高等收入的人群，他們很樂於和孩子分享怎麼賺錢、怎麼理財、怎麼投資。我有一位師姐的先生是美國人，同時也是做投資的。她對我說她和先生經常在家當著孩子的面討論投資的生意，還會邀請孩子發表他們的看法。所以她的大兒子才上高中就開始創辦公司，而且成功獲得了天使投資。

　　美國的 CNN 投資頻道就專門製作了一期內容說明如何培養孩子的財商，它的核心思想就是培養孩子的財商要先設立財務目標，然後朝這個目標努力。

設立目標

　　確定一個目標是最重要的，首先你要讓孩子明白為什麼要賺錢，這樣他才有賺錢的動力。這個目標可以很簡單，例如想一個月後買遊戲裡的一個道具，我家憨憨的目標經常就是買植物大戰殭屍遊戲裡的一個植物。

目標也可以定得高一點，例如學期結束的時候買滑板車。目標可以讓孩子自己定，定完目標後，我們和孩子一起分析這個目標的可行性。你怎麼賺錢達到目標？你需要多久才能達到目標？這都是孩子需要考量的因素。基於大家討論的結果，我們就可以一起擬定一個計畫，這樣他才會有一個行動的目標。

在這個過程裡，我們盡可能地把主動權交給孩子，多聽聽他們的想法，而不是直接否定，「你這個不行」「該聽我的」，這樣會嚴重打擊孩子自信心。

一開始和憨憨定計畫的時候，我喜歡比手畫腳，憨憨就抗議了，說：「爸爸，你不是我的老闆！」後來我就儘量不說話。但我發現在聆聽他的計畫時，我能聽到很多意想不到的東西，這些令我非常震撼，所以我一直很贊成放手讓孩子去自由發揮，他們會回饋你許多驚喜。

例如憨憨設立的目標，我一直以為他會買玩具或者好吃的零食，結果他很認真地對我說：「我想要將錢捐給世界野生動物組織（WWF），我想領養一頭大象。」

最後他終於賺夠錢捐了出去，完成了他的夢想，世界野生動物組織寄了證書以及領養的大象照片給他，這讓他非常有成就感。

🔲 社會實踐

有了目標還不夠，我們還要讓孩子學會怎麼朝著目標努力，怎麼

才能賺錢。讓孩子擺攤賣東西來賺錢，這是美國家庭培養孩子財商的一種傳統方式。週末如果開車去公園、市集這些人流量比較大的地方，經常會看見有孩子在擺攤賣東西，其中賣得最多的就是檸檬水了。

很多大人會在孩子的攤位前駐足，買上一杯檸檬水，饒富興致地問他們籌款的目的是什麼。憨媽也曾帶憨憨去集市擺過攤，記得五歲那年，他第一次擺攤的時候，手裡拿著一袋小鴨子玩具在攤子前叫賣，結果一位老奶奶問他手裡的鴨子多少錢一隻。

因為這是憨憨喜歡的玩具，他戀戀不捨地看了小鴨子一眼，脫口而出：「三十美元！」

「哦，天哪！它太貴了！」老奶奶笑得合不攏嘴，我們也被這個「黑心」報價逗樂了。

不過，自從擺攤之後，之前對金錢毫無概念的憨憨，如今已經能很熟練地對每個商品進行報價，我們也漸漸為他引導進價多少錢、售價多少錢、中間賺多少錢這樣的商業邏輯了。

🧊 玩遊戲

除了社會實踐，玩遊戲也是一個很好的選擇。這裡非常推薦美國經典的財商培養遊戲——大富翁（Monopoly）。憨憨五歲時就開始接觸這套遊戲了。在我看來，大富翁的獨特魅力在於以下幾點。

教孩子銀行儲蓄的概念

遊戲中,每次路過起點的時候,銀行都會給該用戶分發一筆錢,一開始憨憨還奇怪地問我為什麼。我就告訴他:「你把錢存在銀行裡,銀行不能白拿你的錢,會給你一點兒利息回報的。」這讓他明白了,原來錢是可以存銀行的,而且銀行可以讓錢生錢。

教孩子買賣的原理

遊戲中,每次走到一處空地的時候,你都可以選擇將這塊地皮買下來。當買地的時候,用現金支付,然後商品成交。

教孩子賺錢的模式

每次走到別人地盤的時候,都需要支付一筆錢。而如果別人走到我們地盤的時候,別人又得給我們支付錢。所以,這就教給了孩子一個最簡單的賺錢模式:買地!收錢!

教孩子金錢交換

買賣的時候,經常需要將錢找零,這就給了孩子一個很好的實踐機會,明白什麼是支付、該怎麼找零,順便訓練數學心算的本領。

美國老師眼中的
好學生和學霸

　　從小到大，我都是「學霸」，我身邊的碩士、博士華人朋友圈裡，大家也都是「學霸」。所以學霸們的育兒理念就是：「將門出虎子，學霸生學霸！」大家對孩子的學科成績自然也都抓得很緊。

　　有一天我送憨憨去課後的中文學校，憨憨的中國老師說：「Nathan（憨憨的英文名）很聰明，成績很好，美國學校教得太簡單了，像他這樣的孩子就應該學深一點，例如現在三年級，就可以多學點四年級的內容，我們的使命就是讓孩子往深裡面學、超前學⋯⋯」聽得我一陣激動，這不就是在培養學霸嗎？

　　後來憨憨的美國學校開家長會，他們學校是一所排名很靠前的公立小學。在家長會上，就如何培養學霸的問題，我和憨憨的美國老師進行了一番深談，從美國老師那裡，我感受到了中美教育者對於學霸完全不同的態度。

🔲 美式「學霸」標準

我一直好奇的是，憨憨從幼稚園到小學從來沒有參加過考試，那他們的成績是怎麼衡量的呢？老師給我看了一張表，原來美國學校也有學業成績的考量，但這個考量標準是基於孩子平時課堂上的表現、作業完成情況來進行的，並沒有所謂的「一考定成績」的說法。成績用一至四這四個數字來衡量，一代表成績不達標，二代表成績還可以，三代表成績很不錯，四代表成績超級棒。

於是我很激動地問老師：「Nathan 的數學都超前學不少了，拿四應該沒問題了吧？」老師搖搖頭，她向我介紹了一下美國式「學霸」的標準，簡單概括起來有兩點：一是能展現自己的學科成績非常優秀，二是在這門學科上能夠幫助別人一起提高。

對於第一點，學科成績如何展現呢？也有兩方面：一方面是平時的作業練習能夠完成得很好，另一方面是平時的活動中能夠運用學到的知識解決問題。她舉了個例子，在教測量長度時孩子如果光知道做題，這是遠遠不夠的，必須學會用尺去真正量一下物體的長度，知道一英尺大概有多長，一個人一般是幾英尺高。

如果第一點很多小朋友都能達到的話，那麼第二點就不容易了，因為他不僅需要對這門學科有足夠深的理解，而且要有一定的能力和耐心去幫助別人一起提高。例如身邊的同學對某個概念不理解，他能幫助同學將這個知識點融會貫通。因此，能否適切地幫助別人，是這個孩子能否取得滿分成績的關鍵。

這就是為什麼絕大多數學生都集中在二和三這個成績段，而甚少有學生拿到四的原因。

成為「學霸」就是學習的唯一目標嗎

老師說對她而言，好學生的標準並不是拿到四、成為一個「學霸」那麼簡單。除學科成績提升之外，孩子知識面的拓展和領導力的培養也是她教育的方向。

知識面的拓展

老師舉了一個例子，有一次她出了一個作業，請學生們介紹自己上周看的書。結果等作業收上來後，她驚奇地發現，所有學生介紹的書都是故事類繪本。等她問及有沒有看一些非故事類繪本的時候，大多數學生都茫然搖頭。

故事類繪本只是書籍的一種，例如風靡美國的《小屁孩日記》《神奇樹屋》等，它們因為有精彩的配圖和情節，很能吸引孩子的閱讀興趣。但是問題在於，這類故事類書籍的知識面太窄了。孩子們不是生活在故事裡的，他們需要了解這個世界發生了什麼，例如植物是怎麼生長的，美國大選是如何的，太空是什麼樣子……這些知識僅僅靠課堂教學是遠遠不夠的，而是需要透過大量閱讀不斷地累積。

例如美國的大選，孩子們可以不用詳細了解辯論的內容是什麼，但是可以讀一些類似《時代週刊（兒童版）》（Time for Kids）的雜誌，

了解一些動態，最起碼要知道候選人是誰，總統是怎麼一回事。

談到總統，還可以讀一些傳記類的繪本，了解美國比較有名的總統，例如華盛頓、林肯等。老師又指了指她現在給學生做的自然實驗的小項目（種植小植物，讓學生觀察生長情況），然後閱讀一些植物類的繪本，了解植物對於地球的意義、植物生長的規律等。只有積累了大量的知識，孩子的知識體系才是完整的，他的閱歷、眼界也會隨之提高。

領導力的培養

除了學科成績和閱讀之外，老師還給我一個建議，她說亞裔學生的家長普遍都很關心孩子學習，會上很多課後補習班，所以學習成績很好。但是，他們還需要更多地對孩子進行領導力的訓練和培養。

在美國的教育體系裡，領導力是孩子必備的一項技能，這表現在你要展現出讓別人信服的人格魅力，讓別人能夠心甘情願地聽從你的決策和建議。

老師提供了提高孩子領導力的幾個小訣竅：

- 培養孩子的情緒商數。這包括如何控制自己的情緒，如何與人交流，如何在複雜的情況下取得正面的結果。
- 不要過度沉迷於成就。對成就的過度關注，會讓孩子陷入單打獨鬥的迷思，因為他們覺得個人的成就都是靠個人力量取得的，進而忽視了和團隊的合作。
- 不要過度表揚。孩子需要表揚來建立自尊和自信，但是過度的表揚

給他們帶來的卻是自大。

- 允許他們失敗。只有經歷失敗才能體會失敗後的風險和後果，對於一個領導者，他必須知道失敗的後果才能做出正確的決策。

- 學會說「不」。對孩子的溺愛將會影響他們成為領導者，你需要學會對他們說「不」，讓他們靠自己的努力達成目標。

- 做一個合格的榜樣。你的一舉一動都是孩子眼中的榜樣，你想讓孩子變成如何的人，你首先就得成為那樣的人。

- 包容別人的錯誤。讓孩子知道每個人都會犯錯，要學會包容別人的錯誤，這才是一個領導者該有的氣度。

　　憨憨的老師說她希望自己的學生將來都能成為一個很好的領導者。從小學習做領導者，這也是美國教育的特色。雖然家長會只有短短的二十分鐘，但對我的影響非常大。中國人的「學霸」培養路線能將孩子培養成一個很好的執行者，而美國人的教育理念卻是將孩子培養成一個博學的領導者。或許我們應該反思，在我們不斷注意孩子學習成績的同時，是不是還少了些什麼呢？

個性化學習，
矽谷的未來快樂教育

在美國有很多教育專家和科技人才都在圍繞激發兒童潛能和讓孩子集中注意力、愛上學習這兩個問題開始改革教育，目前也看到不少未來教育的影子，那麼矽谷所打造的未來快樂教育是什麼樣子呢？

個性化學習

個性化學習是當前教育的一大痛點，為什麼這麼說呢？因為學校目前實施的都是班級化教學，一個班幾十個學生，老師說的是統一的教學內容，但因為學生水準參差不齊，有的覺得簡單，有的覺得困難，老師卻沒法保證讓每個人滿意，所以造成的問題是成績好的學生會浪費時間把已經掌握的知識再多學一遍，成績不好的學生很難跟得上教學進度。

現在矽谷流行個性化學習，它會將一門學科打散成一個個的任務，以任務的方式來驅動，透過人工智慧對每個孩子進行追蹤和統計，來判斷他們的學習進度，以及推送符合他們水準的學習內容。我之前給憨憨用的史丹佛天才兒童計畫就是這樣一個產品。

以數學的加減法這個知識點來說，它的分類很多元，包括用加法解決問題、用減法解決問題、加減法策略選擇等，當領取相應任務後，就會出現關於這個任務所代表的教學點介紹，之後就是說明和練習。當孩子完成任務後，家長就能收到一張統計報表，告訴他們孩子的任務完成情況，包括用時、正確率、錯誤率等，並且指出孩子未來需要提高的方向。另外，這套教學系統也拋棄了年級的概念，只要跟著它的任務列表走，就能很好地判斷孩子的學習水準。對於學習能力強的學生，這套系統會幫助他超前學習。所以用這套系統學習的孩子，其學習能力一般會高出同年級學生兩個級別，這就是個性化學習的激勵效果。

除了史丹佛的個性化學習系統，曾經紅遍朋友圈的 AltSchool 也是個性化學習系統的典範。在 AltSchool 系統中，每個孩子都會配有一台 iPad，用來連接學校的教學系統，利用 iPad 和管理系統教學是 AltSchool 的一大特色，老師給每個學生建立任務表，每週十到二十五個任務，視每個學生的學習進度而定。

學校將教學知識分成一個個任務分配出去，孩子們透過 iPad 能查看到自己本周的任務清單，然後一個接一個完成，就像玩遊戲一樣逐步通關。

他們上課也很有創意，每個孩子都可以選修自己喜歡的課程，所以，經常是不同年齡的孩子在同一個教室上課。因為 AltSchool 有一個教學理念：每個孩子在不同學科方面的能力發展是不一樣的。如果一個低年級孩子藝術方面水準比較高，那麼他完全就可以和高年級的孩子一起上高級別的藝術課程。這樣就能保證孩子的教學水準始終維

持在一個高位，而不會讓孩子因為覺得簡單無聊而喪失學習興趣。所以這也是一種個性化學習的很好嘗試。

在虛擬現實中學習

孩子在學習過程中還有個問題是「三分鐘熱度」，針對這個問題，矽谷推出了 VR/AR 技術來輔助學習。

VR/AR 又叫作虛擬現實/增強現實。這個概念剛一推出，教育界就一片叫好聲，認為能推動教學的改革。VR 一般需要戴一副眼鏡或者頭盔，透過 VR 看到的世界完全就是虛幻的世界，例如你可能置身於浩瀚的宇宙，也可能在古埃及金字塔旁，還可能生活在童話世界。

例如 Google 開發的一個系統，它解決的是孩子厭學的問題。當學生上課時用上 VR 後，就會發現周圍的同學都變成了小海豚，他完全是在一個童話王國裡學習。在這樣一個環境裡，孩子還會厭學嗎?

還有一家傳說中非常厲害的公司，叫作 Magic Leap，他們研發的產品號稱能夠將課堂和生活注入魔法的色彩。例如上課的時候，發現課桌上多了一群小海馬，還能游來游去。例如晚上孩子睡不著覺，可以在床上看小人跳芭蕾舞。

最酷的是，老師如果想帶領學生們去參觀藍鯨，只需要去體育館裡看就好了，在那裡他們竟然能看到藍鯨從地面上冒出來然後縱身一躍，水花四濺。

另外還有一種技術叫作 AR（增強現實），它不需要戴頭盔或者

眼鏡，只需要一部手機就可以操作了。

　　AR 技術還有一個很重要的應用是在兒童的藝術訓練上。現在有一種著色遊戲非常神奇，當孩子在紙上塗完顏色後，用手機對著一照，便可以發現紙上的東西竟然活過來了，甚至還可以動，而且顏色和孩子塗的顏色一模一樣，簡直酷斃了！

　　我給憨憨買過這樣的畫冊，結果小傢伙塗起來就停不下，每次塗完一個部位後，就用 iPad 照一下，然後拉著我們一起欣賞他的大作。

　　享受教育的快樂，或許這正是比爾·蓋茨探索教育的初心。它需要我們大家的堅持和探索，不過我相信，這一天終將到來！

用心陪伴，
就是給孩子最好的教養

　　有段時間，國內很多媒體都在炮轟校外培訓機構「學而思」如何「捆綁」家長。探究其原因，都是因為家長對孩子的期望太高，希望課後輔導能幫助孩子提高，而好老師的資源也有限。所以，誰能幫助孩子提高學習成績，誰就能獲得家長的追捧。巨大的需求放在那裡，就算沒有「學而思」，也會有其他類似機構冒出來。

　　因為，家長們在孩子教育的事情上如此瘋狂，這些教育機構充其量只是一個推手，而背後的真正原因其實是家長內心的焦慮。

父母為什麼焦慮

　　自從我成立了公眾號之後，經常有媽媽留言給我，從她們的言語中我能感受到她們的焦慮，這種焦慮無非以下幾點。

父母對如何教育孩子感到茫然

　　我經常能收到這樣的問題：「我家孩子剛上幼稚園，怎麼進行英

文啟蒙啊？」「我家孩子邏輯思維能力好像不行，怎麼引導啊？」……

「教育」這個詞囊括的內容很多，包括英文、數學等一系列的學科，而每個學科都有一套完整的教學體系。例如學英文，就要從字母入手，進而學音素，然後自然拼讀、分級閱讀；再例如學數學，其中就有分數、加減、測量、邏輯、幾何等。最關鍵的是，這些體系一般都是按照時間軸排列的，不同階段做不同的事情，分類都很明確。

而如果父母對這些體系不清晰的話，自然腦子嗡的一聲就大了，越教越茫然，越教越焦慮，最後不得不求助於輔導班。

父母有一種跟風的心理

一次，憨媽拿著手機找我開會，原因無他，就是她有個朋友在朋友圈曬了一段女兒彈鋼琴的視頻，非常精彩，所以一定要拉著我一起學習。看完後，憨媽就著急地問我：「你看人家孩子彈得多好，是不是我們家憨憨鋼琴課上得太少，要不要多加幾節課啊？是不是我們該給憨憨物色一個更有名的鋼琴教師啊？」我一時語塞，為什麼一定要和別人比呢？

可是，家長們總忍不住將自己孩子與別人家的孩子做比較：

別人的孩子報了這個輔導班，我家的孩子也要報！

別人的孩子用了這套輔導教材，我家的孩子也要買！

別人的孩子學了這個樂器，我家的孩子也要學！

……

這就陷入了越比越焦慮、越焦慮越比的迴圈。長此下去，只能是

報更多的輔導班,找更好的老師。苦的是自己,累的是孩子。

父母變成全能選手

平時我推薦英文繪本的時候,收到的留言大部分都是:「我英文不好,要怎麼教孩子念呢?」

的確,現在的孩子知識學得越來越多,這樣的狀況對父母的要求也越來越高。學英文時老師要求家長幫孩子準備演講和單字默寫;學鋼琴時老師說家長要留意孩子的音準和指法;學國際象棋時老師說家長平時要陪練。

家長不知不覺中也變成了全能選手,但是並不是每位家長都有時間、精力及能力跟孩子長期一起學習,如果家長發現自己跟不上孩子的節奏怎麼辦,那麼輔導班就是另一個選擇。

父親在家庭教育中的缺失

中國家長有個怪現象,大部分爸爸都在外面忙著賺錢,帶孩子大多是媽媽的責任。有一次我帶憨憨去打網球,發現另外一片場地是一位媽媽帶著孩子練球,但是很明顯這位媽媽不會打網球,她打給孩子的球總是一直出界,結果孩子急得直跳腳,媽媽則是一臉無奈。

一般來說,爸爸比較擅長運動,那為什麼爸爸不能陪孩子練球呢?其實不光是運動,在數學、科學、動手實驗方面,爸爸都比較有優勢。如果爸爸不參與,媽媽又搞不定,那麼就只能報名輔導班了。

把孩子送出國真的好嗎

有些父母會說國內教育拼得太厲害了，乾脆就跟電視劇《小別離》一樣，把孩子送到國外吧，那裡很輕鬆。

可是這麼做真的輕鬆嗎？我住在矽谷的華人區，我家附近每隔幾步就是一個輔導學校，有少林功夫班、鋼琴學校、數學輔導班、中文學校……凡是你在國內能看到的輔導班，這裡一個都不少。

憨憨上三年級時，我想送孩子去家附近一所比較有名的中文學校，但是當我去報名的時候，接待老師很詫異地跟我說：「現在才報名？太遲啦，我們早就報滿了……」

太瘋狂了！恰好我有個朋友的孩子就在這所中文學校學習，我問她怎麼才能擠進去。朋友苦笑了一聲：「沒辦法，你現在只能報明年的了，我就是提前一年報名才被錄取的。」

為了尋找好的學校，這裡的華人家長都是費盡心思。如果有幸報上班了，家長更是全力以赴。每天接送不說，如果有時間，很多人還會和孩子一起上課。

例如我幫憨憨報了國際象棋課，每次上課的時候，我都看到好幾個家長都會坐在教室的後排，拿著手機靜靜地拍下老師授課全程，回去讓孩子復習，這份專注我自愧不如。

國內流行的奧林匹克數學競賽，我們這裡也有。例如 Kumon Math、Russian Math，都是很有名的數學輔導班，小小的矽谷有好多分店。我帶憨憨去考察過，進了教室，大部分都是黑頭髮、黃皮膚的

孩子，除了講師可能是美國人之外，其餘和國內無異。在美國的華人圈裡，平時談得最多的話題就是：

「你幫孩子報了什麼輔導班？」

「這個學校的老師怎麼樣？」

「孩子鋼琴練得如何？」

……

所以只要你對孩子的教育懷有夢想，只要內心還存在著那份焦慮，無論在什麼時候、什麼地方，你永遠也擺脫不了輔導班的束縛。

父母先問自己三個問題

如果問我該不該幫孩子報名上輔導班，我的觀點是可以報名，但是在報名之前，父母必須先問自己這三個問題。

孩子是否感興趣？

所有的輔導班都應該基於孩子的興趣。例如奧林匹克數學競賽，這本來就是少部分孩子玩的遊戲，如果自己的孩子對奧林匹克數學競賽很反感，何必強求呢？

美國很多學校都有天才兒童計畫（Gifted Program），就是把全年級優秀的學生集中起來一起學習，類似資優班，比例是學生人數的六%至十%。憨憨有個美國同學的媽媽是一位老師，我就問她是否會為了送孩子去天才班而特訓。她說不會，一切隨孩子的能力而定。如

果因為做了特訓而被錄取，但是孩子實際的能力並沒有達到，這樣在未來學習上會很吃力。

你是否有時間陪伴孩子？

如果幫孩子報了輔導班，你就必須抽出時間來陪伴孩子，關心孩子的學習進度，陪孩子一起複習、一起訓練。以學鋼琴為例，每週上一堂鋼琴課就能練彈出成績嗎？上課只是學習基礎，真正的訓練都是在課後的練習，這些都必須靠父母的陪伴。

你能否調整好自己的心態？

你是否對孩子有很大的期許，例如要考全班前幾名，要考上名校等。如果你抱著這樣的心態為孩子報課程，那麼建議你應該先三思而後行，因為以後你會對孩子的表現成績非常敏感，甚至控制不好自己的情緒。所以父母能否調整好自己的心態，是決定孩子能否快樂學習的重點。

親子田系列032

矽谷爸爸的超強孩子思維訓練課

作　　　者	憨爸（趙昊翔）
總 編 輯	何玉美
選 書 人	陳鳳如
編　　　輯	陳鳳如‧簡孟羽
封 面 設 計	張天薪
內 文 插 畫	莊欽吉
內 文 排 版	菩薩蠻數位文化有限公司

出 版 發 行	采實文化事業股份有限公司
行 銷 企 劃	陳佩宜‧黃于庭‧馮羿勳
業 務 經 理	林詩富
業 務 發 行	吳淑華‧林坤蓉‧張世明‧林踏欣
會 計 行 政	王雅蕙‧李韶婉
法 律 顧 問	第一國際法律事務所　余淑杏律師
電 子 信 箱	acme@acmebook.com.tw
采實粉絲團	http://www.facebook.com/acmebook

Ｉ Ｓ Ｂ Ｎ	978-957-8950-26-9
定　　　價	350 元
初 版 一 刷	2018 年 5 月
劃 撥 帳 號	50148859
劃 撥 戶 名	采實文化事業有限公司
	10479 台北市中山區建國北路二段 92 號 9 樓
	電話：02-2518-5198
	傳真：02-2518-209

國家圖書館出版品預行編目資料

矽谷爸爸的超強孩子思維訓練課 / 憨爸(趙昊翔)著. --
初版. -- 臺北市：采實文化, 2018.05
　　面；　公分. --（親子田系列；32）
ISBN 978-957-8950-26-9（平裝）
1.親職教育 2.親子關係 3.思考

528.2　　　　　　　　　　　　107003678